Wolfgang König

Geschichte der Wegwerfgesellschaft
Die Kehrseite des Konsums

Wolfgang König

Geschichte der Wegwerfgesellschaft

Die Kehrseite des Konsums

Bibliografische Information der Deutschen Nationalbibliothek
Die Deutsche Nationalbibliothek verzeichnet diese
Publikation in der Deutschen Nationalbibliografie;
detaillierte bibliografische Daten sind im Internet über
<http://dnb.d-nb.de> abrufbar.

© Franz Steiner Verlag, Stuttgart 2019

Einbandgestaltung: deblik, Berlin
Satz: Dörlemann Satz, Lemförde
Gedruckt auf säurefreiem, alterungsbeständigem Papier
Druck: Beltz Grafische Betriebe, Bad Langensalza
Printed in Germany

ISBN 978-3-515-12500-0 (Print)
ISBN 978-3-515-12503-1 (E-Book)

Inhalt

Einleitung

Wir werfen täglich Dinge weg. Nach dem Einkaufen entledigen wir uns der Verpackungen aus Karton, Papier, Folien und anderen Kunststoffen. Auf der Toilette spülen wir selbstverständlich das benutzte Papier hinunter. Andere Hygieneprodukte, wie Papiertaschentücher, Windeln, Tampons oder Kondome, entsorgen wir mit dem Müll. Lebensmittel werden nie vollständig verwertet. Bestimmte Teile wie Obstschalen sind ungenießbar; anderes entspricht nicht den kulinarischen Vorstellungen der Konsumenten. Kleidung ist auch und nicht zuletzt Mode. Sie wird ausgesondert, wenn sie nicht mehr dem Geschmack gerecht wird. Diese Tendenz des modischen Verschleißes kann auch Möbel und langlebige Konsumgüter wie Kühlschränke und Automobile erfassen.

Die Gründe für das Wegwerfen sind vielfältig. Manche geschenkten Dinge werden nie benutzt, weil sie der Beschenkte nicht braucht und wertschätzt. Anderes funktioniert nicht mehr oder nicht mehr zufriedenstellend. Eine Reparatur käme teurer als ein Neukauf. Das neue Gerät besitzt häufig erweiterte Nutzungsmöglichkeiten. Wieder anderes findet keinen Gefallen mehr. Es gilt als überholt oder altmodisch.

Wegwerfen ist zu einer ubiquitären Handlung geworden. Es

ist bezeichnend, dass diejenigen, die nicht wegwerfen können, die Messies, als pathologisch angesehen werden.[1] Beim Wegwerfen handelt es sich in seiner heutigen quantitativen und qualitativen Ausprägung um ein Wohlstandsphänomen, ein Charakteristikum der Konsum- und Überflussgesellschaft. Früher wurde viel weniger weggeworfen. Die Dinge waren teurer; sie wurden länger verwendet, wurden repariert, umgenutzt, wiederaufbereitet. In Mangelgesellschaften besaßen die Dinge einen höheren Gebrauchswert, den es zu bewahren galt. Reste solcher Nutzungsanstrengungen findet man heute noch in Ländern der Dritten Welt.

In diesem Buch stehen die entwickelten Konsumgesellschaften und insbesondere die Bundesrepublik Deutschland im Zentrum. Vergleichende Blicke werden insbesondere auf die Vereinigten Staaten geworfen, in denen die Konsum- und Wegwerfgesellschaft ihren Anfang nahm. Und es geht in dem Buch in erster Linie um stoffliche Produkte. Wegwerfen ließe sich darüber hinaus auch auf Energie und Information beziehen – wenn das Licht unnötigerweise brennt oder Datenbestände ungenutzt bleiben oder gelöscht werden. Es wird also viel weggeworfen, und dies wird zumindest teilweise als sinnvoll erachtet. Darüber hinaus gibt es jedoch eine Reihe von Produkten, die von vornherein für einen einmaligen oder zeitlich eng begrenzten Gebrauch bestimmt sind, ohne dass dies notwendig ist. Hierzu gehören Einweggeschirr, Trinkbecher aus Pappe, Kugelschreiber, Feuerzeuge und vieles andere mehr. Solchen Produkten wird im Folgenden besondere Aufmerksamkeit geschenkt.

Es ist die allgemeine weite Verbreitung des Wegwerfens, und es sind die speziellen Wegwerfprodukte in einem engeren Sinn, welche die Redeweise von einer Wegwerfgesellschaft rechtfertigen. Die Müllmengen können denn auch als Beleg für die Wegwerfgesellschaft dienen. Sie sind in der Bundesrepublik Deutschland seit den 1950er Jahren explosionsartig angestiegen. Eine gewisse Abflachung des Wachstums hat sich seit den 1980er Jahren ergeben. Darin spiegeln sich unter anderem erfolgreiche Bemühungen des Recycling wider, Bemühungen um eine Rückführung von Wertstoffen in den Produktionsprozess.

---

1   Vgl. Vykonkal, Was macht unsere Seeele; Köster, Hausmüll, 63.

Das Recycling ändert jedoch nichts daran, dass die heutige Wegwerfgesellschaft nicht nachhaltig und zukunftsfähig ist. Diese Einsicht wächst, und vorgeschlagene Alternativen sind Legion, ohne dass eine Abkehr von der Wegwerfgesellschaft in relevantem Umfang festzustellen ist.[2] Zu den Alternativen gehören eine Verlängerung der Haltbarkeit der produzierten Dinge, reparaturfreundliche Konstruktionen, konsumtive Beschränkungen, Verlängerungen der Nutzungsdauer, die Verwendung von Gebrauchtwaren, Teilhabe an Gütern anstelle von Besitz und anderes mehr.

Das Wegwerfen steht in einem engen Zusammenhang mit dem Konsum. Man kann die Wegwerfgesellschaft als eine Steigerung der Konsumgesellschaft begreifen. Die zeitliche Lokalisierung der Konsumgesellschaft hängt in erster Linie davon ab, ob man die Teilhabe von Bevölkerungsminderheiten oder von -mehrheiten an modernen Konsumformen in den Blick nimmt.[3] Betrachtet man Bevölkerungsminderheiten, dann kann man den Beginn der Konsumgesellschaft im 19. Jahrhundert verorten. Betrachtet man Bevölkerungsmehrheiten, dann gelangt man zu Anfängen der Konsumgesellschaft in den USA um 1930 und in der Bundesrepublik um 1960. Es gibt denn auch Autoren, welche den Begriff der »Wegwerfgesellschaft« bereits für das 19. Jahrhundert verwenden.[4] Allerdings wurden spezifische Wegwerfprodukte erst nach dem Zweiten Weltkrieg in größerem Umfang vermarktet. Und erst dann rief dies grundsätzliche gesellschaftliche Diskussionen hervor.

In den USA sahen manche Zeitgenossen in der Zwischenkriegszeit im Wegwerfen eine Möglichkeit, wirtschaftliche Krisen zu überwinden. Designer wandten sich gegen lange Nutzungszeiten, weil dies die wirtschaftliche Entwicklung hemme.[5] Ein Immobilienmakler forderte in einem zur Zeit der Großen Depression verfassten Aufsatz »Ending the Depression through Planned Obsolescence« die Regierung auf, Produkte mit einem Verfallsdatum

---

2 Vgl. zur Differenz zwischen Einstellungen und Verhalten im Umweltbereich: Lischka, »Ich habe ja was.
3 Vgl. hierzu König, Geschichte; König, Kleine Geschichte.
4 Rathje/Murphy, Müll, 54.
5 Weber, »Entschaffen«, 21f.

zu versehen.[6] Danach seien die Konsumenten zum Austausch verpflichtet.

In seinem 1932 erschienenen Meisterwerk »Brave New World« (»Schöne Neue Welt«) verarbeitete Aldous Huxley unter anderem Eindrücke von einer Amerikareise. In der Schönen Neuen Welt fungiert Henry Ford als eine Art Gott. Die neue Zeitrechnung »nach Ford« orientiert sich an der Markteinführung des Modells T. »Eure Fordschaft« ist der Ehrentitel eines der Mächtigen. Die entsprechend ihren Einsatzfeldern differenzierten menschlichen Lebewesen werden künstlich in »Massenproduktion« geschaffen.

Im Interesse der Industrie sowie der Auslastung der Produktionsanlagen besteht in der »Schönen Neuen Welt« eine Konsumpflicht. Schon Kinderspiele müssen konsumintensiv sein. Mobilität und technische Ausrüstungen erfordernde Natursportarten werden gefördert. Dagegen wird den Kindern eine Abscheu vor Büchern eingeimpft. »Wer herumsitzt und Bücher liest, konsumiert nicht viel«.[7] Im Schlaf werden den Kindern und Jugendlichen Verhaltensregeln eingeflüstert:[8] »Ich fliege so gern, ich besitze so gern neue Kleider … Alte Sachen sind ekelhaft, … Alte Sachen werfen wir weg. Lieber ausmustern als ausbessern. … Sind Flicken drin, fehlt's am Gewinn.«

Der Begriff »Throwaway Society« scheint erst in den 1950er Jahren aufgekommen zu sein.[9] Vance Packard, der agile Anwalt der amerikanischen Verbraucher, beklagt 1960 in seinem Werk über die »Waste Society« die verbreitete »Throwaway Mentality«.[10] Packard referiert Huxley, stellt aber fest, dass sich die amerikanische Gesellschaft ganz ohne Suggestion das Wegwerfen angeeignet habe. Er listet Beispiele für das verschwenderische Wegwerfen auf, wie Reste, die in Sprühdosen und anderen Verpackungen verbleiben. Manche seiner Beispiele mag man kaum glauben, wie Pfannen aus Aluminium, die nach dem Braten weggeworfen werden, oder zum Wegwerfen bestimmte Campingausrüstungen, einschließlich Zelt und Schlafsack.

---

6   Slade, Made to Break, 72 ff.; vgl. Reuß/Dannoritzer, Kaufen, 40 ff.
7   Huxley, Schöne Neue Welt, 60.
8   Huxley, Schöne Neue Welt, 59 f.; vgl. 139, 150 u. 250.
9   Vgl. Rathje/Murphy, Müll, 54; vgl. Strasser, Waste, 270.
10   Packard, Die große Verschwendung, bes. 58–70.

In den 1970er Jahren schwollen die vereinzelten konsumkritischen Stimmen zu einem vielstimmigen Chor an. Das Wegwerfen diente dabei als anschauliches Beispiel problematischer Auswüchse der Konsumgesellschaft. So enthielt das 1970 erschienene Buch »Der Zukunftsschock« des Publizisten Alvin Toffler ein Kapitel »Dinge: Die Wegwerf-gesellschaft«.[11] In einer sich steigernden Vergänglichkeit sah Toffler das Grundprinzip der Moderne. Das zur gleichen Zeit erschienene Werk des österreichisch-amerikanischen Designers Victor Papanek »Das Papanek-Konzept« sprach ebenfalls von einer Wegwerfgesellschaft, thematisierte Wegwerfartikel allerdings in ambivalenter Weise.[12]

In Deutschland wurde das Wegwerfen zeitgleich mit den Vereinigten Staaten diskutiert. Heinrich Böll gab seinem Unbehagen an Erscheinungen von Kommerz und Konsum in seiner 1957 verfassten Kurzgeschichte »Der Wegwerfer« Ausdruck. Der Wegwerfer, Angestellter einer Versicherungsgesellschaft, sortiert aus der Post alle Drucksachen aus und wirft sie weg. Seine Überlegungen gehen dahin, das Wegwerfen auf Verpackungen jeglicher Art auszudehnen.

Böll mangelte es offensichtlich an allgemeinen Kategorien, um das Verhalten seines Protagonisten gesellschaftlich zu verorten. Dies sah in der deutschen antitechnischen und antikapitalistischen Gesellschaftskritik von rechts wie von links anders aus. Ein früher Exponent war Karl Jaspers, der in »Die geistige Situation der Zeit« (1931) die Massengesellschaft und die Massenproduktion an den Pranger stellte.[13] »Die Gegenstände des Gebrauchs sind massenhaft hergestellt, werden verschlissen und weggeworfen; sie sind schnell auswechselbar.«

Für Günther Anders bildete die Unfähigkeit, mit der schnellen Abfolge der Produktgenerationen zurechtzukommen, ein Element der »Antiquiertheit des Menschen« (1956).[14] Die Hauptaufgabe der

---

11 Toffler, Zukunftsschock, bes. 42 ff.
12 Papanek, Das Papanek-Konzept, bes. 79 ff.; vgl. Reuß/Dannoritzer, Kaufen, 167 ff.; Weber, Made to Break? 63.
13 Jaspers, Die geistige Situation, das Zitat 42; vgl. Huning, Deutungen, 55.
14 Anders, Antiquiertheit, Bd. 1, 39 f. u. 210; Bd. 2, 38–50 u. 392 (die Zitate Bd. 2, 38, 42 u. 45 f.); vgl. Heßler, Wegwerfen, 256; Weber, »Entschaffen«, 9.

Konsumenten sei es, durch ihren Konsum die Produktion aufrecht zu erhalten. Sie würden dabei nicht Eigentümer der Konsumgüter im eigentlichen Sinne, denn dazu sei die Verwendungszeit zu kurz. Die Industrie zeichne sich durch eine ungeheure Produktivität aus, ihre Produkte seien hingegen kurzlebig, »hinfällig und vergänglich«. »Wenn diese Industrie ihr Produktionstempo durchhält, so allein deshalb, weil wir als immer wieder Bedürftige ihre Produkte immer wieder vernichten; weil wir, *uns fütternd, sie* füttern; weil wir, *uns sättigend, sie sättigen.*« Die damit erzeugten Mentalitäten hätten weit reichende Folgen: »Die Menschheit, die die Welt als »*Wegwerf-Welt*« behandelt, behandelt auch sich selbst als »*Wegwerf-Menschheit*«.

Der Soziologe Hans Freyer reflektierte in seinem Werk »Schwelle der Zeiten. Beiträge zur Soziologie der Kultur« (1965) über »Kategorien der Industriekultur« wie »Produktion«, »Konsum« und »Serie«.[15] Dabei ließ er keinen Zweifel, dass die Produktion die Konsumtion verursache. »Das industrielle System … produziert die Bedürfnisse für die Produkte, die es produziert, laufend mit. … Der Konsum muß auf ebenso hohe Touren gebracht werden wie der Produktionsapparat.« Den Verbrauchern werde eine »Konsumpflicht«, ja ein Konsumzwang auferlegt. Das Produzierte müsse so schnell wie möglich konsumiert werden. Es handele sich um einen »anschwellende(n) Konsumfonds, bei dem der regelmäßige Abfluß und der regelmäßige Zufluß gleich wichtig sind.« Die Reparatur von Dingen bzw. die Verwendung von überholten Produkten stelle eine »Sabotage am Produktionsapparat« dar.

Erich Fromm behandelte in seinem Werk »Haben oder Sein« (1976) als zwei duale Existenzweisen.[16] Am deutlichsten kommt nach Fromm die Existenzweise des Habens im modernen Konsumenten zum Ausdruck, dessen Leitformel laute: »*Ich bin, was ich habe und was ich konsumiere*«. Bis zum Ende des Ersten Weltkriegs habe man gekauft, um zu behalten; das Motto lautete »Alt ist schön!«. »Heute kauft man, um wegzuwerfen«; das neue Motto laute »Neu ist schön!«

---

15   Freyer, Schwelle, 223 ff. (die Zitate 241 f., 245 u. 252); vgl. Heßler, Wegwerfen, 256.
16   Fromm, Haben, bes. 37 u. 75.

In den 1970er Jahren erlebte der Begriff »Wegwerfgesellschaft« auch in der allgemeinen Öffentlichkeit eine Konjunktur.[17] Selbst eine Jubiläumsschrift für das Tempo-Taschentuch benutzte den Begriff »Wegwerf-Gesellschaft« – allerdings positivgewendet.[18] Dies stand in Zusammenhang mit der zunehmenden Kritik an der Konsumgesellschaft. Dabei nahmen Vertreter der Abfallwirtschaft eine besondere Rolle ein, mussten sie doch mit den explosionsartig gewachsenen Müllmengen zurechtkommen. Designer entwarfen Produkte aus ausgemusterten Gütern, kritisierten damit die Wegwerfgesellschaft und propagierten Möglichkeiten des Recycling.[19] Hierzu gehörte ein aus alten Autoreifen gefertigtes Sofa, Möbel aus Teekisten, Koffer aus ausgesondertem Blech. Die Designer wiesen damit plakativ auf Probleme der Konsum- und Wegwerfgesellschaft hin, dauerhafte Lösungen erwuchsen aus den Aktionen nicht.

Die katholische Kirche hatte schon in der Vergangenheit bei verschiedenen Gelegenheiten die herrschende Konsumorientierung und den Umgang mit der göttlichen Schöpfung angeprangert. Eine Zusammenfassung und einen Höhepunkt erlebte diese Kritik in der unter Papst Franziskus 2015 veröffentlichten Umweltenzyklika »Laudato si«.[20] Die Enzyklika unterzog die konsumtiven Lebensstile der wohlhabenden Nationen einer scharfen Kritik, wollte aber auch aus der Natur des Menschen und aus einem Bewusstseinswandel erwachsende Anzeichen einer Umkehr entdecken. Ein Unterabschnitt trug die Überschrift »Verschmutzung, Abfall und Wegwerfkultur«. Den Begriff »Wegwerfkultur« bezog die Enzyklika auf Sachen wie auf Menschen. Sie wies auf die Gefahr hin, dass sich die Erde in eine »unermessliche Mülldeponie« verwandele. Selbst bei Papier sei es nicht gelungen, »ein auf Kreislauf ausgerichtetes Produktionsmodell anzunehmen«. Die Enzyklika erblickte die Ursachen der Missstände in gesellschaftlichen Machtverhältnissen, identifizierte aber durchaus auch Handlungsmöglichkeiten der Konsumenten: »Eine Ände-

---

17 Vgl. Weber, Vom Hausrat, 31f.
18 Vereinigte Papierwerke, 50 Jahre, 5.
19 Vgl. Heßler, Ver»dinglichte« Technikkritik.
20 Enzyklika Laudato Si', die Zitate 8ff. u. 87; vgl. Heimbach-Steins/Schlacke, Die Enzyklika.

rung der Lebensstile könnte dazu führen, einen heilsamen Druck auf diejenigen auszuüben, die politische, wirtschaftliche und soziale Macht besitzen. Das ist es, was die Verbraucherbewegungen erreichen, die durch den Boykott gewisser Produkte auf das Verhalten der Unternehmen ändernd einwirken und sie zwingen, die Umweltbelastung und die Produktionsmuster zu überdenken.«

In der ferneren und näheren Vergangenheit bildete Wegwerfen also durchaus ein relevantes gesellschaftliches Thema. Das Wegwerfen als historische Praxis hat aber bislang keine übergreifende Darstellung erfahren. Martina Heßler hat einen anregenden Essay zum Thema verfasst.[21] Sie hebt hervor, dass das Wegwerfen über einen längeren Zeitraum eingeübt werden musste, ehe es zur Selbstverständlichkeit wurde. Als Ergebnis bildete sich »ein *historisch neues Verhältnis des Menschen zu den Dingen*« heraus. Zudem existiert eine Reihe von Sammelbänden mit historischen Schlaglichtern.[22] Eine Monografie zum Thema gibt es jedoch nicht.[23] Dies mag damit zusammenhängen, dass das Thema facettenreich ist und enorme Quellenprobleme aufwirft. Die Hersteller von Wegwerfprodukten thematisieren zwar den mit der Verwendung verbundenen Komfort, schweigen sich aber über das Wegwerfen und seine Schattenseiten aus. Und die Konsumenten, die Wegwerfprodukte verwenden, verdrängen ihr Handeln und besitzen keine kollektive Stimme.

Günstiger sieht der Forschungsstand zu Einzelfragen aus. So wird die Geschichte des Abfalls in mehreren hochwertigen Monografien und Aufsätzen behandelt.[24] Wichtige Beiträge liegen zur Geschichte des Recycling vor.[25] Verschiedene Aspekte des Wegwerfens und einzelne Wegwerfprodukte haben historische Darstellungen erfahren, die in den betreffenden Kapiteln dieses Buches herangezogen

---

21 Heßler, Wegwerfen (das Zitat 254).
22 Bala/Schuldzinski, Pack ein.
23 Zilkens, Kulturgeschichte, wird den mit dem Titel geweckten Erwartungen nicht gerecht.
24 Hierzu gehören die Monografien von Stokes u. a., Business; Köster, Hausmüll, und die Aufsätze von Heike Weber: Weber, Abfall; Weber, »Entschaffen«; Weber, Müllströme; Weber, Ökonomie; Weber, Von wild; Weber, Zur Materialität.
25 Z. B. Reith, Recycling; Köster, Abschied; Oldenziel/Weber, Introduction.

werden. Günstiger ist die Quellensituation für die jüngere Vergangenheit und Gegenwart, in welcher das Wegwerfen zum politischen Thema geworden ist. Diese Diskussion lässt sich gut über das Internet erschließen. Besonders wertvoll waren dabei die Homepages des Umweltbundesamts, der Stiftung Warentest und von Eco-World.[26] Allerdings mangelt es den dort vorfindlichen Informationen üblicherweise an historischer Tiefe.

Für die vorliegende Arbeit wurde der Neckermann-Katalog in Fünfjahresschritten ausgewertet. Weiteres interessantes Material lieferten die Jubiläumsschriften und Kataloge der Hersteller von Werbeartikeln.[27] Die Hoffnung, die Arbeit in Firmenarchiven vertiefen zu können, wurde im Großen und Ganzen enttäuscht. Bei den Herstellern von Konsumartikeln ist das historische Bewusstsein besonders schwach ausgeprägt. Die Sparte ist durch ständigen Wandel geprägt. Die Besitzverhältnisse ändern sich, Marken werden gekauft und verkauft. Eine Reihe von Firmen, so Procter & Gamble, die Kimberly-Clark GmbH, die CSA Hygiene Products GmbH und die Wilkinson Sword GmbH, reagierten noch nicht einmal auf meine Anschreiben. Bei Gillette war man nicht in der Lage, etwas zum Verbleib des früher vorhandenen Firmenarchivs zu sagen. Die Unternehmen BIC und Johnson & Johnson unterstützten die Arbeit, indem sie historische Werbeanzeigen zur Verfügung stellten. Eine rühmliche Ausnahme von der verbreiteten historischen Abstinenz stellt der Strumpfhersteller Falke in Schmallenberg dar. Falke besitzt nicht nur ein Firmenarchiv, sondern gewährte mir auch eine unbeschränkte Einsicht in die Akten. Dem Unternehmen sowie Herrn Dreier sei hierfür gedankt.

---

26 www.umweltbundesamt.de/Publikationen; www.test.de; www.eco-world.de.
27 50 Jahre Werbeartikel; Lexikon der Werbeartikel.

Am Ende steht der Müll

Alles, was wir wegwerfen, bezeichnen wir als Abfall oder Müll. Im weitesten Sinn fallen darunter auch die ins Wasser und in die Luft abgegebenen Schadstoffe. Die Abfallmengen lassen sich cum grano salis als Messgrößen für das Niveau der Konsumgesellschaft interpretieren. In Überflussgesellschaften fällt mehr Abfall an, in Mangelgesellschaften weniger; Wohlhabende erzeugen mehr Abfall, Arme weniger. Die Menge und die Zusammensetzung des Mülls verursachten in allen historischen Epochen Probleme. In der Bundesrepublik Deutschland erreichten diese Probleme in den 1960er Jahren ein Ausmaß, das eine grundsätzliche Umkehr nahelegte. Das daraus entstehende Konzept sah vor, Abfälle nach Möglichkeit zu vermeiden, die dennoch entstehenden zu verwerten und schließlich den verbleibenden Rest zu beseitigen. In der Folgezeit entwickelte man Kreislaufvorstellungen, bei denen die Abfallstoffe immer neuen Verwertungen zugeführt wurden. Allerdings handelte es sich dabei in der extremen Form mehr um eine regulative Idee denn um ein zu realisierendes Projekt. Selbst in noch so ausgeklügelten Stoffkreisläufen entsteht notwendigerweise Abfall, der nicht mehr verwertet werden kann.

Quantitäten und Qualitäten

Üblicherweise wird zwischen Siedlungs- und Industrieabfällen unterschieden.[1] Die Mengen der Industrieabfälle – an der Spitze steht der Bauschutt – übertreffen die der Siedlungsabfälle bei weitem. Siedlungsabfälle machten 2004 gut 14 % der Gesamtmenge aus. Und von diesen dürfte der Hausmüll einen Anteil von etwa 5 % besessen haben. Die Industrie verwertet ihre Abfälle in größerem Umfang als die privaten Haushalte. Allerdings kam es in der Vergangenheit auch zu wilden Ablagerungen bis hin zu Giftmüllskandalen.[2]

Im Folgenden steht der Hausmüll im Zentrum der Betrachtung. In noch größerem Maß als die Industrieabfälle bildet er einen Indikator für das Wohlstands- und Konsumniveau und das Umweltbewusstsein der Bevölkerung. Der Zusammenhang zwischen Wohlstand und anfallendem Hausmüll ist offensichtlich. Eine in der Zwischenkriegszeit in Frankfurt am Main durchgeführte Erhebung kam zu dem Ergebnis, dass wöchentlich in den Villen der Wohlhabenden im Schnitt 277,7 Liter Müll anfielen, in von Arbeitern bewohnten Etagenwohnungen dagegen nur 31,3 Liter.[3] Zusätzlich beeinflussen unterschiedliche Lebensstile die Müllmengen. Bereits vor dem Ersten Weltkrieg schätzten die Fachleute, dass ein Amerikaner das Zwei- bis Dreifache des Mülls eines Deutschen produzierte, eine Differenz, welche in abgeschwächter Form noch in der Gegenwart besteht.[4] Für manche amerikanischen Haushalte lohnte sich der in den frühen 1970er Jahren auf den Markt kommende Trash Compactor, ein Gerät, welche die Abfälle komprimierte, so dass die Bewohner sie nicht mehr so häufig wegbringen mussten.[5] Lassen sich die älteren Zahlen durch das unterschiedliche Wohlstandsniveau erklären, so die jüngeren wohl nur durch verschiedenartige Lebensstile,

---

1   Die folgenden Zahlen nach: Tietjen, Die zweite Chance, 115; Umweltbundesamt, Stellenwert, 16; vgl. Köster, Hausmüll, Industriemüll, 38 ff.; Weber, Zur Materialität, 75.

2   Köster, Hausmüll, 203 ff.

3   Münch, Stadthygiene, 114 f.

4   Melosi, Garbage, 23; Köstering/Rüb, Müll, 93; Was Sie schon immer, 106; vgl. Oldenziel/Weber, Introduction, 356.

5   Strasser, Waste, 274.

vor allem die Esssitten. Innerhalb der Europäischen Union wiederum übertrafen die Abfallmengen pro Kopf der wohlhabenden Deutschen den Durchschnitt der Mitgliedsländer.

Die Müllmengen sind in allen Wohlstandsgesellschaften kräftig gestiegen. Eine Zahlenreihe für die Stadt München dokumentiert für den Zeitraum zwischen 1892 und 1990 das Volumen des pro Einwohner abgefahrenen Mülls.[6] Dabei halten sich die Veränderungen bis in die Zeit des Zweiten Weltkriegs noch in Grenzen. Ein Anstieg um die Hälfte fand in den Jahren zwischen 1920 und 1933 statt. Erst in der Nachkriegszeit erlebten die Müllmengen eine ungeheure Expansion auf etwa das Siebenfache. Die größten Wachstumsraten fielen in die Zeit zwischen 1955 und 1970, als sich in der Bundesrepublik die Konsumgesellschaft herausbildete. Dabei kam eine Reihe von Faktoren zusammen. Immer mehr Menschen zogen in die Städte, wo eine Müllverwertung schwieriger war als auf dem Land. Im Lebensmitteleinzelhandel setzte sich die verpackungsintensive Selbstbedienung durch. Die Zentralheizungen in den neuen Wohnungen ließen ein Verfeuern von Abfällen nicht mehr zu. Wegwerfen wurde zu einem Element der Rationalisierung des Haushalts. Tatsächlich bilden die Zahlen die stattgehabten Veränderungen nur unzureichend ab. Sie ignorieren nämlich, dass der Abfall der Hausheizung bis zum Zweiten Weltkrieg in Gestalt von Asche in den Müll ging, danach zunehmend in Gestalt von Schadstoffen in die Luft.

Seit etwa 1980 schwächte sich das Wachstum der Müllmengen ab – bis hin zu stagnativen Tendenzen.[7] Die Trendumkehr war eine Folge der in der Bundesrepublik um 1970 einsetzenden umweltpolitischen Anstrengungen. Hierzu gehörten erneute Bemühungen um eine Verwertung, von welcher die im öffentlichen Raum aufgestellten Sammeltonnen für Glas, Papier und anderes ein markantes Zeugnis ablegten.

---

6   Münch, Stadthygiene, 381; vgl. Stokes u.a., Business, 148 ff.; Köster, Hausmüll, Industriemüll, 33 ff.; Köster, Hausmüll, 40 ff.; Heuss-Aßbichler/Rettenberger, Geschichte, 116; Bala/Schuldzinski, Pack ein, 12.

7   Stokes u.a., Business, 232 ff.; Köster, Hausmüll, Industriemüll, 44; Köster, Hausmüll, 44; Bilitewski/Härdtle, Abfallwirtschaft, 53.

Im vor- und frühindustriellen Europa bildete Müll keine relevante öffentliche Angelegenheit. Die anfallenden Mengen waren gering, und die Verwertung bereitete keine großen Schwierigkeiten. Verwertung oder Abfuhr und Beseitigung lagen in der Verantwortung der Hausbesitzer. Dies änderte sich in der zweiten Hälfte des 19. Jahrhunderts. Die Müllmengen nahmen zu, und die Urbanisierung vermehrte die anfallenden menschlichen Exkremente ebenso wie den Pferdemist auf den Straßen. Eine teilweise Abhilfe bot die Schwemmkanalisation. Allerdings verlagerte sie die Probleme nur in die Flüsse und Seen.

Es ist bezeichnend, dass sich erst seit dieser Zeit der Begriff »Abfall« verbreitete.[8] Zunehmend wurden die hygienischen Probleme der wachsenden Müllmengen thematisiert. Im Laufe des 20. Jahrhunderts erweiterte sich die Betrachtung über die Auswirkungen für die Menschen hinaus auf die Auswirkungen für die Umwelt. Entsprechend veränderten sich auch die Lexikondefinitionen:[9] »Abfall (Müll) im Sinn des Abfallgesetzes sind Sachen, deren sich der Besitzer entledigen will oder deren geordnete Entsorgung zur Wahrung des Wohls der Allgemeinheit, insbesondere zum Schutz der Umwelt geboten ist.«

Ende des 19. Jahrhunderts geriet zumindest in den großen Städten die private Abfallbeseitigung an ihre Grenzen. Die Kommunen interpretierten die Müllabfuhr als eine öffentliche Aufgabe und bauten Sammelsysteme auf.[10] Diese beschränkten sich zunächst auf den innerstädtischen Raum, dehnten sich aber in der Folgezeit weiter aus. In der Zwischenkriegszeit verfügten die meisten deutschen Städte über eine geregelte Müllabfuhr. Erst in den 1970er Jahren erfasste dieses System den ländlichen Raum. Die kommunalen Unternehmen arbeiteten mit normierten Behältern und Transporteinrichtungen, die eine staubfreie Abfuhr ermöglichten.

---

8 Weber, Abfall; Weber, Zur Materialität, 81 ff.
9 Nach Reith, Recycling, 100.
10 Für die USA: Melosi, Garbage; Melosi, Pollution; für Deutschland: Hösel, Unser Abfall; Lindemann, Verbrennung; Köstering/Rüb, Müll; Was Sie schon immer; Gather, Hundert Jahre; Münch, Stadthygiene; Stokes u. a., Business, 23 f.; Köster, Hausmüll, Industriemüll, 32 ff.; Köster, Hausmüll, 80 ff.; Weber, Von wild, 124; Weber, Zur Materialität, 91.

Aufgrund der Mengen und der Zusammensetzung des Mülls war er in der Landwirtschaft nicht mehr zu verwerten. Damit stellte sich die Frage: wohin damit? Einige an der Küste oder an Flüssen und Seen gelegene Städte versenkten den Müll in den Gewässern, doch zwangen schlechte Erfahrungen, diese Form der Problemverlagerung aufzugeben. Der größte Teil des Mülls wurde deponiert.[11] Dabei verstand man die Deponierung teilweise als Landschaftsgestaltung: Man verfüllte Täler, Senken und Sümpfe oder schüttete Berge auf. In der Nachkriegszeit expandierte die Zahl der legalen und illegalen Müllkippen. In den frühen 1970er Jahren beliefen sich Schätzungen über ihre Zahl auf etwa 50 000. Sie bildeten eine Quelle von Geruchsbelästigungen und verschmutzten das Grundwasser. Die Zunahme von Verpackungsmaterialien führte zu Deponiebränden.

In größerem Umfang begann man in den 1970er Jahren, die Zahl der Müllkippen zu reduzieren und die verbleibenden zu sanieren. Man zäunte sie ein, dichtete sie gegenüber dem Grundwasser ab, deckte sie mit Erdschichten zu, installierte eine Entgasung und verwertete gegebenenfalls das Gas. Die neuen Deponien waren wesentlich größer als die alten. 2012 zählte man noch mehr als tausend, davon waren etwa 160 für den Hausmüll bestimmt.[12] Das politische Ziel lautete, die Deponierung mit der Zeit ganz aufzugeben. 2010 landeten gerade noch 3 % des Hausmülls auf den Deponien.[13] Die restlichen Mengen wurden recycelt oder verbrannt. Allerdings gelangte ein nicht unerheblicher Teil des Mülls ins Ausland, wo er unter teils problematischen Arbeitsbedingungen verwertet und »entsorgt« wurde.

Über lange Zeit bildete der Abfall eine Angelegenheit der Kommunen.[14] Seit etwa 1970 engagierten sich die Länder und schließlich der Bund in der Abfallbeseitigung, was eine Grundgesetzänderung erforderlich machte. Sie erließen Rahmenbestimmungen, innerhalb derer die Kommunen und privaten Entsorger sich zu bewegen hatten.

---

11 Weber, Von wild; Köster, Hausmüll, Industriemüll, 37; Köster, Hausmüll, 149 ff.; Heuss-Aßbichler/Rettenberger, Geschichte, 117.

12 Heuss-Aßbichler/Rettenberger, Geschichte, 122 f.

13 Stokes u. a., Business, 266 f.

14 Stokes u. a., Business, 183 ff.; Köster, Hausmüll, 202 ff.

Bereits gegen Ende des 19. Jahrhunderts bildeten Verbrennungsanlagen eine Option für die Beseitigung des Mülls. Die erste englische entstand in Nottingham 1876, die erste deutsche 1896 in Hamburg.[15] Um die Jahrhundertwende gab es in England mehr als 120 Müllverbrennungsanlagen, in Deutschland gerade 10. Dies hing in erster Linie damit zusammen, dass die in Großbritannien dominierende Steinkohlefeuerung genügend Brennstoffreste in den Ascheanteilen des Mülls beließ. In Deutschland war der Brennwert dagegen aufgrund der dominierenden Feuerung mit Braunkohlebriketts geringer.

Dies änderte sich seit den 1950er Jahren.[16] Die Verbrennung profitierte von der weiter entwickelten Anlagentechnik, vor allem aber von der im Vergleich zu früher viel günstigeren Zusammensetzung des Wohlstandsmülls. Der Umstieg auf Zentralheizungen ließ die Aschemengen schrumpfen, und die anschwellende Verpackungsflut erhöhte den Brennwert des Mülls. Seit den 1960er Jahren entstand in den großen Städten eine neue Generation an Müllverbrennungsanlagen. Diese gerieten seit den 1970er Jahren in das Schussfeld der Umweltbewegung, die auf die Emission giftiger Schadstoffe hinwies. Nach dem Erlass strengerer Grenzwerte und der konstruktiven Verbesserung der Anlagen flauten die Proteste in den 1990er Jahren ab. 1994 wurden etwa 20 % des Hausmülls verbrannt, heute beträgt der Anteil der Verbrennung etwa 10 %. Die Müllverbrennung in ihrer fortgeschrittensten Form stellt für die einzelne Kommune eine zwar aufwändige und teure, aber saubere und umweltfreundliche Form der Müllentsorgung dar. Jedoch bedeutet die Müllverbrennung auch eine Verlagerung von regionalen und nationalen Umweltproblemen auf die gesamte Erde, denn das entstehende Kohlendioxid trägt zur Gefährdung des Weltklimas bei.

Bis in die Zeit nach dem Zweiten Weltkrieg blieb die Zusammensetzung des Mülls im Großen und Ganzen gleich. Die dominierende

---

15 Heuss-Aßbichler/Rettenberger, Geschichte, 116; Köster, Hausmüll, 152 ff. u. 192 ff.

16 Stokes u. a., Business, 206; Köster, Hausmüll, Industriemüll, 45 ff.; Köster, Hausmüll, 152 ff. u. 192 ff.; Heuss-Aßbichler/Rettenberger, Geschichte, 121; Umweltbundesamt, Stellenwert.

Kohlefeuerung lieferte den weitaus größten Teil des Abfalls, nämlich 60 bis 80 % Asche.[17] Dazu kamen etwa 15 % organische Stoffe,
wie Küchenabfalle, und 10 bis 20 % Sperrstoffe, wie Glas, Keramik,
Konservendosen. Allerdings bestanden beträchtliche regionale und
jahreszeitliche Unterschiede.

In der Nachkriegszeit veränderte sich die Zusammensetzung des
Hausmülls dramatisch.[18] Die Aschemengen schrumpften aufgrund
der sich durchsetzenden Zentralheizung. Die Verpackungsmaterialien expandierten. Hierzu gehörten Flaschen und Gläser, Büchsen
und Dosen, Kartonagen und Papier sowie Kunststoffe. Der Anteil
der organischen Stoffe blieb in etwa gleich. Die Zahl der Materialien und der chemischen Verbindungen nahm beträchtlich zu. An
die Spitze der Abfälle setzten sich Biomüll und Verpackungsmaterialien.

Besonders der Verpackungsmüll spiegelt die Entwicklung der
Konsumgesellschaft wider.[19] Auch hier sind in der Bundesrepublik
die Mengen pro Kopf der Bevölkerung höher als im Durchschnitt
der Staaten der Europäischen Union. Politische Bemühungen um
eine Reduzierung brachten keine Trendumkehr, sondern allenfalls
eine Abflachung des Wachstums. Eine Reihe von Faktoren lässt die
Verpackungsflut weiter anschwellen. Aufwändige Verpackungen
heben die Bedeutung eines Produkts hervor. Die schrumpfenden
Haushaltsgrößen befördern kleinere und damit materialintensivere
Verpackungen. Und schließlich produziert der Internethandel besonders viel Verpackungsmüll.

Der Übergang zur Selbstbedienung nach dem Zweiten Weltkrieg erforderte mehr Verpackungen. Sie schützten die Waren beim
Transport, der Lagerung und im Ladengeschäft. Viele Kunden
empfanden die verpackten Waren als hygienischer als die im Tante-
Emma-Laden oder auf dem Wochenmarkt offen angebotenen. Die

---

17   Köstering/Rüb, Müll, 115; Weber, Zur Materialität, 92; Köster, Hausmüll, In-
      dustriemüll, 31; Heuss-Aßbichler/Rettenberger, Geschichte, 116.
18   Park, Von der Müllkippe, 49; Brandt, Wir, 26; Weber, Zur Materialität, 96 f.;
      Rathje/Murphy, Müll, 128 ff.; Bilitewski/Härdtle, Abfallwirtschaft, 55; Tietjen,
      Die zweite Chance, 116; Köster, Hausmüll, 36 ff.
19   Vgl. Wildt, Am Beginn, 203–06; Teuteberg, Rationalisierung; Nast, Die
      stummen Verkäufer, 181, 261 u. 276; Schüler, Aufkommen, 38 ff.

Packungen enthielten eine garantierte Inhaltsmenge; Portionierungen erleichterten die Zubereitung von Speisen. Die Hersteller nutzten die Verpackung als Werbefläche. Oder sie profilierten ihre Markenprodukte mit charakteristischen Verpackungen.

Papier und Pappe stellen bis zur Gegenwart die wichtigsten Verpackungsmaterialien dar, wenn ihr Anteil auch aufgrund der zunehmenden Verwendung von Kunststoffen gesunken ist.[20] Die Papiertüten waren in den alten Lebensmittel-Bediengeschäften die wichtigsten Verpackungen.[21] Seit Mitte des 19. Jahrhunderts wurden sie maschinell in großer Auflage gefertigt. Die maschinelle Herstellung von Kartons folgte einige Jahrzehnte später. Seit der Jahrhundertwende war die Verpackungsindustrie nach den Zeitungsdruckereien der zweitwichtigste Papiernachfrager. In der Selbstbedienung löste der Karton die Tüte als wichtigste Verpackung ab. Für die Aufnahme von Lebensmitteln wurden Kartons ausgeschlagen – zunächst mit Wachspapier, später mit Kunststoffen.

Die Konservendose aus Weißblech entstand in der ersten Hälfte des 19. Jahrhunderts.[22] Seit den 1880er Jahren wurden Konserven in Fließbandproduktion hergestellt. Der Konsument öffnete sie mit einem Schneidrad. Allerdings dauerte es in den USA bis in die Zwischenkriegszeit und in der Bundesrepublik bis in die Nachkriegszeit, dass die teuren Konserven in relevantem Umfang den Weg in die Schränke der Verbraucher fanden.

Ähnliches gilt für Tuben. Die ersten aus der Mitte des 19. Jahrhunderts bestanden aus Zinn- und Bleilegierungen.[23] In der Zwischenkriegszeit löste das leichtere Aluminium die Legierungsmaterialien ab. Alltagsprodukte wie Rasiercreme oder Zahnpasta

---

20 Vgl. Teuteberg, Rationalisierung, 134; Grefermann, Papier- und Pappeverarbeitung, 81 ff.; Nast, Die stummen Verkäufer.

21 Vgl. Schmidt-Bachem, Tüten; Grefermann, Papierverarbeitung, 33 ff.; Nast, Die stummen Verkäufer, 211.

22 Vgl. für Deutschland: Bettgenhäuser, Industrien, 1–32; Teuteberg, Rationalisierung, 124; Wildt, Am Beginn, 154–61; für die USA: Cummings, The American, 69 u. passim; Hampe/Wittenberg, Lifeline, 111–49; Alberts, The Good Provider; Norris, Advertising, 84; Historical Statistics 689–91; Nye, Consuming Power, 116–18.

23 Vgl. Nast, Die stummen Verkäufer, 229 f.

erwarben die Konsumenten jetzt in Tuben. Außerdem produzierte man Aluminiumfolien, in welche Produkte wie Osterhasen oder Weihnachtsmänner eingewickelt wurden. Nach dem Krieg kamen mehr und mehr Kunststofftuben auf, die nicht mehr so schnell beim Knicken rissen wie die metallenen Vorgänger. Seit den 1960er Jahren fand Aluminium einen neuen Einsatzbereich bei Getränkedosen. Diese bestehen heute aus mehreren Metallen.

Auch bei Sprühdosen konkurrierten in der Nachkriegszeit Leichtmetall und Kunststoffe. Eine Sprühdose enthält den eigentlichen Füllstoff und das unter Druck stehende Treibmittel und wird mit einem Ventil aktiviert. Die Sprays vermehrten sich inflationär. Sie waren für das Haar bestimmt, den Körper, zum Rasieren, als Parfüm, für angenehmen Raumduft, die Schuppen der Langlaufski, für Klebemittel, Lacke, Farben. 1970 verbrauchte ein Deutscher im Jahr mehr als sechs Sprühdosen. Die in den 1970er Jahren erfolgte Identifizierung der als Treibgas eingesetzten FCKW als »Klimakiller« gefährdete die bequemen Sprühdosen nicht grundsätzlich. Die Suche nach Ersatzstoffen förderte schnell eine ganze Reihe von Alternativen zutage. Nur eine Minderheit der Hersteller mutet den Konsumenten zu, mit ihrer Fingerkraft für den nötigen Pumpdruck zu sorgen.

Konserven, Tuben, Sprühdosen sowie die später zu thematisierenden Getränkeflaschen und -büchsen dienten in erster Linie dem bequemen Gebrauch. Sie vermehrten die Müllmengen und stellten, weil aus zahlreichen Materialien bestehend, die Entsorger vor beträchtliche Herausforderungen. Besonders die Vielzahl der Kunststoffe vergrößerte die Verwertungs- und Entsorgungsprobleme.

Der Versandhandel trägt heute in nicht unerheblichem Umfang zum Verpackungsmüll bei. Versandgeschäfte entstanden bereits im 19. Jahrhundert. In der Bundesrepublik erlebten sie seit den 1950er Jahren mit Universalfirmen wie Otto, Quelle und Neckermann eine Konjunktur.[24] Ihr Anteil am gesamten Einzelhandel erhöhte sich auf

---

24 Vgl. Andersen, Traum, 205 f.; Gries, Produkte, 162–68; Teuteberg, Vom alten Wochenmarkt, 26; Tietz, Konsument, 368–72 u. 517; Spiekermann, Basis, 295–315; Versandhandel; Neckermann, Erinnerungen; Reubel-Ciani, Der Katalog; Schöllgen, Gustav Schickedanz.

gut 5 %.[25] Der Versand erfordert eine besonders aufwändige Verpackung.

Dies gilt natürlich auch für den sich seit Mitte der 1990er Jahre entwickelnden Internethandel. Zudem bietet das Netz erweiterte Möglichkeiten des Warenangebots und erleichtert Bestellungen. Bis 2018 stieg der Anteil des Internethandels am gesamten Einzelhandel auf gut 10 %.[26] Bei den einzelnen Produktgruppen sind die Anteile ganz unterschiedlich. An der Spitze stehen Elektro- und Modeartikel, bei den Lebensmitteln ist der Anteil vernachlässigbar klein.

Das Verhalten der Kunden beim Internethandel lässt die Verpackungsmengen weiter anschwellen.[27] Das erleichterte Bestellen und Rücksenden führt zu einer Zunahme an Retouren. 2018 wurden etwa 12 % aller Produkte retourniert. Bei Modeartikeln lag die Rücksendequote mit etwa 40 % der Waren besonders hoch. Mehr als ein Drittel der Online-Kunden bestellen von vornherein mehrere Varianten, um dann eine Auswahl vorzunehmen. Etwa vier Prozent der zurück gegebenen neuen Waren werden vernichtet, weil sich eine Reinigung und ein erneutes Verpacken nicht lohnt. Einige Versender wie Otto erklären dagegen, dass sie keine Retouren vernichten.[28] Die Vernichtung der Retouren hat einige Aufregung verursacht. Die Bundesumweltministerin kündigte flugs ein Verbot an. In der Diskussion wurde allerdings darauf hingewiesen, dass die Vernichtung neuwertiger Waren nicht nur im Online-Handel, sondern auch im Filial-Handel gang und gäbe ist. Außerdem würde ein Verbot die umweltschädlichen Retouren selbst nicht berühren.

Plastik

Die ersten Kunststoffe entstanden bereits in der zweiten Hälfte des 19. Jahrhunderts. Eine dynamische Verbreitung fanden sie jedoch

---

25 Wortmann, Strukturwandel, 4.
26 www.einzelhandel.de; Zugriff am 9. 11. 2018.
27 Wegwerfware Retouren; bitkom, Pressebereich, 27. 12. 2018; Universität Bamberg, retourenforschung.de, Pressemitteilung v. 26. 4. 2019.
28 So Johannes Merck, Direktor Corporate Responsibility der Otto Group, Hamburg, am 17. 1. 2019.

erst in der Zeit nach dem Zweiten Weltkrieg. Die Bundesrepublik rangierte dabei bei der Kunststoffverwendung – pro Kopf gerechnet – in der Spitzengruppe der Nationen.[29] In den 1950er Jahren vermehrte sich der Plastikverbrauch der Bundesbürger um das Siebenfache und überholte den der Amerikaner. Seit den 1970er Jahren gingen die Wachstumsraten zurück – als Folge der gestiegenen Ölpreise und der zunehmenden Entsorgungsprobleme.

Kunststoffe sind weitgehend färb-, form- und gestaltbar und stellen damit ideale Verpackungsmaterialien dar. Mit der Zeit reihten sie sich mit einem Anteil von etwa einem Drittel an die zweite Stelle der Verpackungsmaterialien hinter dem Papier und den Kartonagen ein. Am Beispiel von Folien und Beuteln, den wichtigsten Verwendungsbereichen der Verpackungskunststoffe, soll ihre Verbreitung hier skizziert werden.

Papier und vor allem Altpapier verwandte man als Verpackungsmaterial, unter anderem zum Einschlagen von Lebensmitteln. Um die Mitte des 19. Jahrhunderts wurde in England das Pergamentpapier erfunden, welches für eine Reihe von Anwendungen Vorteile aufwies.[30] Durch die chemische Behandlung eines aus Baumwollfasern hergestellten Papiers gewann es an Haltbarkeit und Festigkeit. In Pergamentpapier verpackte man zunächst insbesondere fettige Lebensmittel wie Käse, Butter und Margarine. Mit der Zeit dehnte sich der Anwendungsbereich aus. Die Papiere wurden bedruckt und nahmen Werbebotschaften auf.

Als erste – wenn auch halbsynthetische, aus Zellstoff gefertigte – Kunststofffolie trat in der Zwischenkriegszeit Cellophan partiell in Konkurrenz zum Papier.[31] Cellophan erfand ein Schweizer Chemiker vor dem Ersten Weltkrieg in Frankreich. Die großtechnische Produktion lief in den 1920er Jahren in den USA bei Du Pont an. Deutsche Lizenznehmer wie die Wiesbadener Firma Kalle folgten – wenn auch mit viel geringeren Mengen. Cellophan war in seiner

---

29 Stokes u.a., Business, 141 ff.; Westermann, When Consumer Citizens, 478.
30 Papierzeitung 55 (1930), 2600; Geschichte der Pergamentpapierfabrikation.
31 Kaufman, The First Century, 13–53; Friedel, Pioneer Plastic; Meikle, American Plastic, 10–39; Gass, Cellophan; Hampe/Wittenberg, Lifeline, 179 ff.; Hounshell/Smith, Science, 170 ff.; Schmidt-Bachem, Aus Papier, 761 ff.

erfolgreichen Version feuchtigkeitsundurchlässig, damit aromasicher, transparent, aber auch teurer als Papier. Um für die Folie einen Markt zu schaffen, arbeitete Du Pont eng mit Anwendern zusammen. So veranlasste das Unternehmen Bäcker, hochwertige Spezialbrote zu backen, so dass der höhere Preis der Verpackung nicht so ins Gewicht fiel. Neben Backwaren wurden Süßwaren, Würste und Zigarren in Cellophan verpackt. Bis etwa 1930 entwickelte sich Cellophan zu einer vielseitig einsetzbaren Verpackungsfolie. Der Erfolg des Materials beruhte vor allem auf der Sichtbarkeit der Ware. Cellophan rückte als »the silent salesman« die Produkte ins Blickfeld der Konsumenten, was besonders in den Zeiten der Selbstbedienung an Bedeutung gewann. In manchen Fällen machten Kunststofffolien eine Verpackung erst möglich, wie bei Obst, Gemüse und Fleisch. In der Nachkriegszeit übernahmen billigere vollsynthetische Folien die Rolle des Cellophans.

Tragetaschen aus Papier gab es bereits seit langer Zeit.[32] Eine gewisse Verbreitung gewannen sie seit der Jahrhundertwende. Mit dem Aufkommen der Selbstbedienung nach dem Zweiten Weltkrieg gaben die Lebensmittelgeschäfte sie zuerst umsonst aus. Die Tragetaschen ermöglichten auch ungeplante Käufe, beschleunigten die Abfertigung an der Kasse, erschwerten Diebstähle und dienten als Werbefläche. Plastiktüten aus Polyethylen standen zwar schon zur Verfügung, waren aber noch wesentlich teurer. Üblicherweise ließen sich damals die Geschäfte die Kunststoffbeutel bezahlen.

In den 1960er Jahren wurden die Plastiktüten zur ernsthaften Konkurrenz für die Tragetaschen aus Papier, welche sie preislich mehr und mehr unterboten. Die Reduzierung der Herstellungskosten machte es dem Handel leicht, auf den »Tütengroschen« zu verzichten. 1970 überholten die Plastik- die Papiertüten.[33] Die Zahl der Plastiktüten pro Kopf und Jahr expandierte bis zur Jahrtausendwende auf gut 60 und verblieb danach in dieser Größenordnung; die der Papiertüten reduzierte sich auf unter 10.[34] Die Entwicklung

---

32 Schmidt-Bachem, Aus Papier, 723 ff.
33 Schmidt-Bachem, Tüten, 209 u. 241; Grefermann, Papierverarbeitung, 42.
34 Entsprechende Zahlen finden sich in: Grefermann, Papier- und Pappeverarbeitung, 106; Schmidt-Bachem, Aus Papier, 735, 749 f., 794 u. 831.

wurde vom Lebensmitteleinzelhandel vorangetrieben und von der chemischen Industrie unterstützt. Zweifellos besaßen die Plastiktüten Vorteile. Sie konnten mehrfach verwendet werden, sie eigneten sich auch für Feuchtprodukte, manche Kunden funktionierten sie zu Müllbeuteln um. Die Ölkrisen dämpften die Nachfrage in den 1970er Jahren nur wenig; Geschäfte verlangten aber erneut eine Gebühr. Die Papiertüte profitierte davon nur kurzzeitig und in begrenztem Umfang.

Mit zunehmendem Umweltbewusstsein geriet Plastik auf die Anklagebank. So verwiesen Bürger seit den späten 1960er Jahren in Eingaben an die Regierung auf die Verschandelung der Umwelt durch den zunehmenden Plastikmüll.[35] Die Plastiktüte zog dabei die meisten Angriffe auf sich. Aktivisten propagierten den Verzicht auf die Tüte oder forderten ein Verbot. Mit der Zeit avancierten die Plastiktüten zu Symbolen der Umweltzerstörung und der Wegwerfgesellschaft. Die Tüten und andere Kunststoffprodukte bauten sich nur in sehr langen Zeiträumen ab und verschmutzten damit über Jahrhunderte die Umwelt. In neuerer Zeit wies man darauf hin, dass Millionen von Tonnen Plastikmüll im Meer treiben.[36] Die Kunststoffpartikel schädigen Tiere, wie Vögel, Fische, Seehunde, Kleinlebewesen usw., und gelangen letztlich auch in die menschliche Nahrungskette. Ein Beispiel für das wachsende Unbehagen bildete die 2012 von der Deutschen Umwelthilfe gestartete Kampagne »Einweg-Plastik kommt nicht in die Tüte!«[37]

Dabei gestaltete sich die Suche nach Alternativen nicht gerade einfach.[38] Eine Reihe von Geschäften und Kunden griff auf die alte Papiertüte zurück. Dabei zeigten Ökobilanzen, dass Papiertüten nur dann ökologische Vorteile gegenüber Plastiktüten besitzen, wenn sie mehrfach verwendet werden. Die Propagierung von »Jute statt Plastik« nahm keine Rücksicht auf die Lebensmittelversorgung in Dritte Welt-Staaten. Noch problematischer erschien die Verwendung von

---

35 Westermann, Plastik, 301ff.; Westermann, When Consumer Citizens, 485ff.; vgl. auch Weber, Zur Materialität, 98.
36 Vgl. Leinfelder/Haum, Ozeane.
37 www.duh.de (2015); www.eco-world.de, 25. 9. 2012.
38 Vgl. hierzu: Schmidt-Bachem, Tüten, 251f.; www.test.de, 23. 4. 2015.

Baumwollbeuteln – wegen des Pestizid- und Düngereinsatzes beim Anbau. Einen Ausweg schienen »Öko-Tüten« aus nachwachsenden Rohstoffen zu eröffnen, die recycling- und kompostierfähig waren.[39] Jedoch sind bei ihnen die Umweltbilanzen umstritten und hängen sehr von dem konkreten Umgang mit den Tüten ab. Es sieht so aus, dass das konkrete Einkaufsverhalten wichtiger ist als das Material. Mit einem Einkaufskorb oder einem Rucksack ist man jedenfalls ökologisch auf der sicheren Seite, hat aber einige Unbequemlichkeiten in Kauf zu nehmen.

Aller Umweltdiskussionen zum Trotz bewahrte die Plastiktüte ihre Stellung als wichtigste Einkaufstasche. Dies rief die Politik auf den Plan. Mindestens seit 2010 dachte man bei der Europäischen Union über Restriktionen nach. Dabei bestand eine Schwierigkeit darin, dass der Verbrauch an Plastiktüten in den einzelnen Mitgliedsländern ganz unterschiedlich war.[40] Im Jahr 2014 betrug der Verbrauch an Plastiktüten pro Kopf in Portugal sowie in einer Reihe osteuropäischer Länder über 500, in Italien mehr als 200, 71 in Deutschland und 20 in Irland und Luxemburg; der Durchschnitt lag bei 176 Tüten. Es war bekannt, dass sich der Verbrauch durch administrative Maßnahmen beträchtlich senken ließ. So ging in Irland nach Einführung einer Gebühr die Verwendung von Plastiktüten von 328 (2007) auf 16 (2015) zurück. Italien verbot Plastiktüten 2011 ganz. Allerdings wiesen die sie ersetzenden Tüten aus Bio-Kunststoffen eine schlechte Umweltbilanz auf. Eine Richtlinie der Europäischen Union gab die Zielgrößen 90 für das Jahr 2019 und 40 für 2025 vor; die Maßnahmen zur Realisierung wurden den einzelnen Ländern überlassen.[41] Die Vorgaben galten allerdings nur für mittlere Tüten und nicht für dicke Mehrwegtaschen sowie dünne Tüten für Obst und Gemüse.

Deutschland erfüllte mit einem Verbrauch von 29 Plastiktüten im Jahr 2017 die Ziele der Europäischen Union bereits Jahre vorher. Für eine Reduzierung darüber hinaus arbeitete die deutsche Regierung mit dem Instrument der freiwilligen Selbstverpflichtung

---

39 Vgl. hierzu: www.test.de, 23. 4. 2012, 27. 12. 2012; 21. 11. 2013.
40 EU-Kommission 2010 nach Der Tagesspiegel v. 1. 4. 2016.
41 www.eco-world.de, 30. 4. 2015.

einzelner Unternehmen sowie des Handelsverbands. 2016 sagte der Handelsverband Deutschland zu, für die Ausgabe üblicher Tragetaschen aus Plastik eine Gebühr zu nehmen. Die Maßnahme soll die Zahl der Plastiktüten um ein Drittel reduziert haben.

Einen weiteren Stein des Anstoßes bildete aus Plastik bestehendes Einweggeschirr.[42] Es soll seit den 1930er Jahren für die Versorgung amerikanischer Arbeiter entstanden sein. 1948 führte es McDonald's in seinen Fast food-Restaurants ein. In der Nachkriegszeit erlebte Einweggeschirr aus Plastik eine Konjunktur – und dies nicht nur in den USA: in Kantinen und Schnellimbissen, bei Partys, beim Camping, in Flugzeugen usw. 2018 beschloss das Europäische Parlament, bestimmte Einwegprodukte aus Plastik zu verbieten: Bestecke, Teller, Trinkhalme, Luftballonstäbe, Rührstäbchen für den Kaffee, dünne Plastiktüten, Wattestäbchen, manche Getränkeverpackungen. Bis 2021 ist die Richtlinie in nationales Recht umzusetzen.

In der Bundesrepublik entspricht der Richtlinienentwurf politischen Willensbekundungen. So propagiert die Hightech-Strategie 2025 der Bundesregierung eine Kreislaufwirtschaft.[43] Diese soll verbessert werden durch »recyclingfreundliches Design, effizienten Materialeinsatz, hochwertige Kunststoffe aus Recycling, umfassende Sammel- und Sortierungssysteme sowie durch ökologisch sinnvolle Lösungen für Plastik-Verzicht oder -Ersatz.« Die Bundesumweltministerin unterstützt die Bekundungen der Europäischen Union und der Bundesregierung durch einen »5-Punkte-Plan für weniger Plastik und mehr Recycling« sowie eine Öffentlichkeitskampagne »Nein zur Wegwerfgesellschaft«.[44]

Die Verpackungsordnung von 1991 hatte eine Recyclingquote von 36 % der Kunststoffverpackungen vorgeschrieben. Dem entsprechende Erfolgsmeldungen werden aber von Experten bezweifelt. Sie weisen darauf hin, dass exportierter Plastikmüll in unangemessener Weise angerechnet wird. Das Verpackungsgesetz von 2019 erhöht die Quote weiter auf 58,5 % sowie auf 63 % für das Jahr 2022.

---

42 Wikipedia, Art. »Einweggeschirr« Zugriff am 7. 12. 2015; vgl. zur Ökobilanz
    von Einweggeschirr: Schmidt-Bleek, Der ökologische Rucksack, 82 f.
43 Forschung und Innovation 20–22, das Zitat 20.
44 www.bmu.de/Pressmitteilungen; Zugriff am 28. 11. 2018.

Die Bundesrepublik exportierte in großem Umfang Müll und insbesondere Plastikmüll.[45] Hierfür bestanden zwar seit den 1980er Jahren nationale und internationale Regelungen, doch war deren Wirksamkeit begrenzt. 2018 reduzierte China, bislang der Hauptabnehmer für europäischen Plastikmüll, die importierten Mengen deutlich.[46] Letztlich läuft dies darauf hinaus, dass sich die europäischen Ländern nach anderen Abnehmern umsehen oder ihre Recyclingkapazitäten ausbauen müssen.

Jedenfalls reagieren Industrie und Handel auf die politischen Initiativen. So kündigen Verlage an, ihre Bücher nicht mehr in Plastik verpacken zu wollen. Lebensmittelkonzerne hüllen ihre Salatgurken nicht mehr in Plastikfolien ein. Andere Anbieter verzichten auf die Auslage von Plastik für die Verpackung von Obst und Gemüse. Papstar, der Marktführer von Partyzubehör in den deutschsprachigen Ländern, führt zwar weiter Teller, Becher und andere Artikel aus Pappe und Plastik, aber im Angebot sind auch Alternativen: Teller aus Zuckerrohr als nachwachsendem Rohstoff, Bestecke aus Holz, Trinkhalme aus Bambus usw.[47]

Recycling

In der vor- und frühindustriellen Zeit stellte Abfall einen beträchtlichen Wert dar. Küchenreste dienten der Schweinemast, aus Lumpen entstand Papier, Abfallholz heizte Wohnungen, beschädigte und verschlissene Produkte wurden so oft wie möglich repariert. Mit der Industrialisierung und zunehmendem Wohlstand wuchsen die Müllmengen. Gleichzeitig erlebte die Verwertung einen Niedergang. Früher hatte die Landwirtschaft den größten Teil des Mülls als Dünger aufgenommen – zusätzlich zu den ebenfalls abgefahrenen Fäkalien. Mit der Verbreitung und Verbilligung des Kunstdüngers reduzierte sich das Interesse der Bauern am städtischen Abfall.

---

45 Grefermann, Recycling-Industrie, 37 f. u. 242 f.; Knisch, Müllexporte; Weber, »Entschaffen«, 16.
46 Zeit-Online v. 6. 1. 2018.
47 www.papstar.papstar-shop.de; Zugriff am 28. 3. 2019.

Gesammelt wurden nur noch einzelne, wirtschaftlich interessante Materialien.[48] An erster Stelle standen dabei Altmetalle, an zweiter Lumpen, aus denen Qualitätspapiere und Wollwaren gefertigt wurden, und an dritter Knochen, aus denen man Dünger herstellte. Einzelne Städte bemühten sich um die Jahrhundertwende um getrennte Sammlungen, gaben sie aber in der Regel bald wieder auf, weil die Kosten zu hoch waren und die Haushalte unzureichend mitspielten. Erfolgreicher war das Rohproduktengewerbe, das die Haushalte gezielt ansprach und für die Wertstoffe bezahlte. Eine Konjunktur erlebte die Wertstoffsammlung während der beiden Weltkriege sowie in der nationalsozialistischen Autarkiepolitik.

Nach dem Zweiten Weltkrieg verloren die Altstoffsammlungen und der Altstoffhandel an Bedeutung. Die Rohstoffpreise sanken, und die Arbeitskosten stiegen, was die Verwertung unrentabel machte. Von wenigen Ausnahmen abgesehen, gelangten Altstoffsammlungen in den 1960er Jahren an ein Ende. Die Wohlstandsdifferenz zwischen Erster und Dritter Welt zeigt sich heute unter anderem darin, dass in der Dritten die Müllhalden mehrfach ausgelesen und zahlreiche Stoffe wiederverwertet werden. Bei den extrem niedrigen Arbeitskosten lohnt sich fast jede Verwertungsanstrengung.

In den Industrie- und Wohlstandsländern geriet die Abfallverwertung seit den 1970er Jahren wieder auf die Tagesordnung. Die rapide steigenden Abfallmengen vertrugen sich nicht mit dem wachsenden Umweltbewusstsein. In der Folgezeit verabschiedete die Bundesrepublik Gesetze und Vorschriften, mit denen der Abfallflut entgegengearbeitet werden sollte.[49] Außer auf Vermeidung und Beseitigung setzten diese auch auf Verwertung.

Umgesetzt wurden die politischen Willensbekundungen Anfang der 1990er Jahre vor allem in der Verpackungsverordnung und dem

---

48 Huchting, Abfallwirtschaft; Köstering/Rüb, Müll; Was Sie schon immer; Grefermann, Recycling-Industrie, 5 ff.; Weber, Müllströme, 7 ff.; Stokes u.a., Business, 107 ff. u. 213 ff.; Köster, Abschied, 36 ff.; Köster, Hausmüll, 335 ff.; Ladwig, Recycling; Oldenziel/Weber, Introduction; Weber, Towards ›Total‹ Recycling.
49 Grefermann, Recycling-Industrie; Stokes u.a., Business, 221 f., 252 f., 259 f. u. 272 ff.

Dualen System Deutschland.[50] In den von Zeit zu Zeit novellierten Verpackungsverordnungen schrieb die Regierung Verwertungsquoten für einzelne Stoffe vor. Mit dem Dualen System installierte die Industrie eine zweite privatwirtschaftliche Verwertung neben der kommunalen Abfallentsorgung. Das Duale System vergab den Grünen Punkt an Lizenznehmer, welche sich damit teilweise von der Rücknahmepflicht befreiten. Das Duale System sorgte für die Sammlung und Verwertung der Verpackungsabfälle. Anfangs hatte man Schwierigkeiten, die gesammelten Mengen stofflich aufzubereiten und sah sich gezwungen, größere Teile zu verbrennen. Auf mittlere Sicht erwies sich das System aber als erfolgreich. Die vorgeschriebenen Verwertungsquoten wurden meist übertroffen. Bei der Gesamtheit der Siedlungsabfälle bewegten sie sich 1990 bei 13,5 %, bis 2007 erhöhten sie sich auf 75 %.[51]

2019 löste ein neues Verpackungsgesetz die Verpackungsordnung von 1991 ab. Die Teilnehmer am Dualen System mussten sich registrieren. Der Sinn dieser Vorschrift bestand darin, die Trittbrettfahrer in das System einzubinden. Die zu zahlenden Lizenzgebühren wurden an die Recyclingfähigkeit der Verpackungen gebunden. Zudem schrieb das Gesetz eine stufenweise Erhöhung der Recyclingquoten fest.

Die Entwicklung des Recycling soll hier an den beiden Beispielen Papier und Getränkeverpackungen aufgezeigt werden. Papier wurde seit dem Mittelalter aus Lumpen, d. h. einem Abfallprodukt, hergestellt. Darüber hinaus setzte man in den Papiermühlen bereits in dieser Zeit Altpapier ein. Im 19. und 20. Jahrhundert erhöhten sich die Papiermengen beträchtlich. Auf der Produktionsseite hing dies damit zusammen, dass man Papier jetzt nicht mehr aus Lumpen, sondern aus dem im Holz befindlichen Zellstoff herstellte. Auf der Nachfrageseite trugen das Bevölkerungswachstum, der Demokratisierungsprozess, eine zunehmende Bürokratisierung und neue

---

50 Köster, Abschied, 57 f.; Bremerstein, Entwicklung; Stokes u. a., Business, 274 ff.; Gundelach, Einführung; Bünemann/Rachut, Der Grüne Punkt; Bünemann, Duales System; Grefermann, Recycling-Industrie, 17 ff.

51 Heuss-Aßbichler/Rettenberger, Geschichte, 118; Bilitewski/Härdtle, Abfallwirtschaft, 53.

Handelsformen zum Wachstum bei. In Deutschland bzw. der Bundesrepublik erhöhte sich der jährliche Papierverbrauch pro Kopf von 13 kg (1900) über 48 kg (1938), 79 kg (1960) auf 233 kg (2000).[52] In den USA lag er zeitweise nahezu um das Dreifache höher. Für das Wachstum und die Differenz zwischen beiden Ländern waren in erster Linie die Verpackungspapiere verantwortlich. Papier besaß an den Haushaltsabfällen den größten Anteil. Ende der 1970er Jahre dürften 20 bis 25 % des städtischen Hausmülls aus Papier bestanden haben.[53]

In der Zeit der Ofenheizung verbrannten die Haushalte das anfallende Papier. Darüber hinaus wurde Papier schon immer gesammelt und verwertet.[54] Allerdings handelte es sich dabei in erster Linie um Papier aus Gewerbebetrieben und nicht aus Privathaushalten. Der Tiefpunkt der Verwertung des Haushaltspapiers war in den 1970er Jahren erreicht. In dieser Zeit traten fast nur noch karitative Organisationen als Sammler in Erscheinung. In der Folgezeit bemühten sich die staatlichen Institutionen, das Sammeln wieder hoffähig zu machen. Dabei ging es ihnen in erster Linie um eine Reduzierung der Abfallmengen. Sie stellten Sammelbehälter im öffentlichen Raum auf und gewährten Garantien für die Abnahme. Tatsächlich stiegen die gesammelten Mengen kontinuierlich an und erreichten 2009 83 % des Haushaltspapiers.[55]

Die Papierindustrie setzte ihrer Produktion schon früh Altpapier aus dem Gewerbe bzw. später aus den Haushalten zu.[56] Die Einsatzquote erhöhte sich von etwa 10 % (1910) über 44 % (1963) auf 68 % (2010); besonders hohe Zuwachsraten wurden seit Mitte der 1980er Jahre erzielt. Inzwischen dürfte man der technischen Grenze nahe gekommen sein, die manche Autoren mit 75 % ansetzen. In den einzelnen Verwendungsbereichen stellt sich der Einsatz ganz unter-

---

52 Recyclingpapier-Report 2015, 10; Vom Papier 76 ff. u.127; Köster, Waste, 175.
53 Köster, Abschied, 46; Weber, Ökonomie, 174.
54 Grefermann, Recycling-Industrie, 55 ff., 135 ff. u. 221 ff.; Grefermann, Globalisierung, 97 ff.; Stokes u.a., Business, 222 ff. u. 261 f.; Weber, Ökonomie, 163 ff.; Köster, Abschied, 55; Blechschmidt, Altpapier.
55 Blechschmidt, Altpapier, 44.
56 Grefermann, Globalisierung, 101, 105 u. 107; Blechschmidt, Altpapier; Weber, Ökonomie, 153 ff.

schiedlich dar. Am höchsten ist er bei Zeitungs- und Verpackungs-
papieren. Bei Hygienepapieren und Schreibpapieren liegt er dagegen
noch relativ niedrig, ohne dass es hierfür technische Gründe gibt.

Eine komplexere Recyclinggeschichte bieten die Getränkeverpackungen. Über lange Zeit dominierte die Glasflasche. Glas wird als
besonders hygienisches Verpackungsmaterial eingestuft. Anfangs
hatte man allerdings noch Schwierigkeiten mit dem Flaschenver-
schluss. Seit den 1880er Jahren standen dann brauchbare Bügelver-
schlüsse für Bier und Klappdeckel- sowie Drahthebelverschlüsse für
Mineralwasser zur Verfügung. Flaschenbier fand in der Folgezeit
weite Verbreitung, besonders in Norddeutschland, weniger im Sü-
den. Um die Jahrhundertwende wurde bereits die Hälfte der Berliner Bierproduktion auf Flaschen gezogen. Das zur gleichen Zeit
beginnende automatische Blasen von Flaschen ließ gleichmäßigere
und damit leichter befüllbare und billigere Flaschen entstehen.

Seit den 1890er Jahren stellte besonders in den USA der Kronkorken eine funktionssichere Alternative dar. Nach seiner Einführung stieg beispielsweise bei Coca Cola der Flaschenverkauf und
übertraf 1928 erstmals den Gaststättenausschank. 1967 wurde bei
Bier die Euro-Flasche mit Kronkorken eingeführt.[57] Sie ersetzte die
auf dem Markt befindlichen Bügelverschlussflaschen und erleichterte einen brauereiunabhängigen Flaschenumlauf.

Auf die Idee, Weißblechdosen für Bier zu verwenden, kam eine
kleine Brauerei in New Jersey im Jahr 1935.[58] Die Brauerei warb für
das Büchsenbier damit, dass es leichter zu transportieren, zu kühlen
und zu lagern sei, zudem, da nicht dem Licht ausgesetzt, einen bes-
seren Geschmack besitze. Das Dosenbier erwies sich von Anfang an
als Erfolg. Im Krieg diente es der Versorgung der amerikanischen
Truppen. Seiner allgemeinen Verbreitung in der Nachkriegszeit lagen weitere Innovationen zugrunde. Ende der 1950er Jahre kamen
Aluminiumdosen auf den Markt. Sie waren leichter als die Weißblechdosen, wiesen keine seitlichen Nähte auf und erleichterten damit das Bedrucken. In den 1960er Jahren machte der in den Deckel
integrierte Ringöffner das Mitführen eines Spezialöffners überflüs-

---

57   Elbertz, Konzentration, 376 ff.
58   Vgl. Marschall, Aluminium, 19 ff.

sig. Für die Dosenbiertrinker war dies bequem, doch die weggeworfenen Ringöffner stellten ein öffentliches Ärgernis dar. Abhilfe schuf um 1980 der Drucköffner, der mit dem Deckel verbunden bleibt.

Die Verbreitung des fast gleichzeitig in den USA und in Deutschland eingeführten Büchsenbiers weist auf kulturelle Unterschiede hin. 1990 fanden in den USA etwa 70 % des Biers seine Abnehmer in Dosen, in Deutschland mit seiner traditionsreichen Bierkultur waren es etwa 10 %. Bei anderen Getränken zeigte sich ebenfalls eine Differenz, wenn auch in abgemilderter Form. Statistisch entfielen 1994 auf einen Amerikaner 400 Getränkedosen, auf einen Deutschen 60. Während in den USA Aluminium bei Getränkedosen an die Stelle des Weißblechs trat, hielt sich in Deutschland das Weißblech besser.

Eine weitere Gattung stellten die Plastikflaschen dar. Diese bestehen heute üblicherweise aus PET, einem Polyester.[59] Sie können als Mehrweg- oder als Einwegflaschen gefertigt werden. Dabei sind Einwegflaschen dünner und leichter als Mehrwegflaschen. Eine Werbeagentur soll 1967 im Auftrag des Handels in einer siebenmonatigen Kampagne den Slogan »Ex und hopp« kreiert haben, um Einwegplastikflaschen bekannt zu machen.[60]

Damit hatten die Konsumenten die Wahl zwischen Mehrwegflaschen aus Glas oder Plastik sowie Einwegbehältern aus Glas, Plastik oder Metall. Für alle Einwegbehälter wurden Möglichkeiten des Recycling entwickelt. Zwischen diesen Behältnissen kam es zu deutlichen Verschiebungen.[61] Bis 2006 dominierten die Mehrwegflaschen, danach übernahmen die Einwegflaschen die Führung, wobei die Kunststoffflaschen einen Anteil von mehr als der Hälfte besaßen. Ausgenommen von dieser Entwicklung waren die Bierflaschen. Beim Bier dominieren die Mehrweg-Glasflaschen.

Die Brauereien installierten bereits im 19. Jahrhundert Flaschenpfandsysteme, die auch noch in der Gegenwart existieren.[62] Seit den 1960er Jahren landeten jedoch zunehmend Pfandflaschen im

59 Vgl. Westermann, When Consumer Citizens, 495 f.
60 Tyroler, »Ex und hopp«; Köster, Abschied, 42; Köster, Hausmüll, 349.
61 Leighty/Heinisch, Verbrauch, 32 ff.
62 Stokes u. a., Business, 109; Köster, Abschied, 42 ff.

Müll.[63] Eine Brauerei warb 1967 für seine Glasflaschen:[64] »Öffnen –
einschenken – leere Flasche wegwerfen. Kein Pfand – keine Fla-
schenrückgabe. So einfach ist das!« Bestrebungen des Getränke-
handels, das Pfandsystem, das ihnen nicht wenig Arbeit bereitete,
abzuschaffen, scheiterten jedoch am Widerstand der Stadtreinigungsbetriebe sowie der Brauereien.[65] Mit steigendem Umweltbewusstsein war dies seit den 1970er Jahren kein Thema mehr. Man
geht davon aus, dass Bierflaschen jährlich 15 bis 20 Mal befüllt werden und eine Lebensdauer von drei bis vier Jahren besitzen.

Bei Glasflaschen für andere Getränke bestand kein so elaborier-
tes Pfandsystem wie beim Bier. Stattdessen wurde seit den 1970er
Jahren die Altglassammlung beträchtlich ausgeweitet.[66] So verdop-
pelten sich zwischen 1974 und 1977 die gesammelten Glasmengen.
Der Einsatz von Altglas sparte in den Glashütten Rohstoffe und
Energie. Bei dem zu recycelnden Material musste es sich um reines
Glas handeln, und die Farbreinheit musste gewahrt bleiben. Deshalb
stellten die Sammelorganisationen Behälter für verschiedene Glas-
sorten auf. Tatsächlich erhöhte sich bis zur Jahrtausendwende die
Recyclingquote bei Altglas deutlich, sank aber anschließend wieder.
Die Einwegflaschen aus PET sind ebenfalls recycelbar. Allerdings
werden nur 20 bis 30 % erneut zu Flaschen verarbeitet. Aus dem
Rest werden Folien, Textilien oder Teppiche hergestellt.

Die 1991 festgesetzte Mehrwegquote für Getränkedosen verfehlte
der Handel.[67] In der Folgezeit kam es zu heftigen Auseinandersetzungen, wie man den Umfang der weggeworfenen Getränkebehälter
reduzieren könne. Das Ergebnis bestand in dem 2003 eingeführten
Pflichtpfand für bestimmte Einwegverpackungen, und zwar für Bier,
Mineralwasser und andere Erfrischungsgetränke mit Kohlensäure.[68]
2006 und erneut 2019 wurden die Bestimmungen verschärft. Die
Rücknahmepflicht wurde auf weitere Getränke und Geschäfte aus-

63 Köster, Müllmengen, 25.
64 Marschall, Aluminium, 35.
65 Köster, Hausmüll, 349 ff.
66 Grefermann, Recycling-Industrie, 94 ff. u. 197 ff.; Köster, Abschied, 49 ff.;
    Köster, Hausmüll, 369 ff.; Köster, Waste, 177; Stokes u. a., Business, 222 f.
67 Gundelach, Einführung, 13 ff.
68 Stokes u. a., Business, 276; Bünemann, Duales System, 27.

gedehnt. Als Reaktion entwickelte der Handel Automaten, welche die Flaschen und Büchsen prüften und den Kunden das Pfand zurückgaben. Außerdem wurde das Flaschensammeln zum Geschäft der Armen. Das hohe Niveau der Wohlstandsgesellschaft zeigt sich daran, dass die Konsumenten viele Getränkebehälter nicht zurückgeben und damit auf immense Pfandsummen verzichten.

Wie sieht es jetzt tatsächlich mit der Umweltfreundlichkeit der verschiedenen Getränkeverpackungen aus? Der von mehreren Verbänden propagierte Vorrang des Mehrwegs vor dem Einweg und des Glases vor dem Plastik ist dabei nicht unbedingt überzeugend. Das Umweltbundesamt hat die Ergebnisse seiner zwischen den 1990er Jahren und 2002 durchgeführten Studien jedenfalls in der Empfehlung ausgedrückt: »Mehrweg aus der Region«. Darin ist enthalten, dass Mehrwegflaschen zwar häufiger befüllt, beim Transport der schwereren Flaschen aber mehr Schadstoffe emittiert werden. Eine radikale Lösung des ökologischen Dilemmas enthält der 2018 vom Umweltministerium formulierte 5-Punkte-Plan. Er empfiehlt, mehr Leitungswasser zu trinken und an öffentlichen Plätzen Nachfüllstationen einzurichten.

Auch für andere Produkte wurden Sammel- und Verwertungssysteme vorgeschrieben. Hier sind z. B. zu nennen die Altauto-Verordnung von 1998,[69] das Elektro- und Elektronikgerätegesetz von 2003[70] und das Batteriegesetz von 2009.[71] Schätzungen für Mitte der 1990er Jahre beliefen sich auf etwa 1,5 Millionen jährlich in Deutschland zu entsorgende Altautos. Es gab zwar eine große Zahl an Verwertungsbetrieben, aber von diesen entsprach nur der kleinere Teil den Umweltvorschriften.[72] Die Verordnung koppelte die Stilllegung eines Autos an den Nachweis der ordentlichen Entsorgung. Dabei stellte die Schrottverwertung kein Problem dar. Schwierigkeiten er-

69 Röper, Gibt es geplanten Verschleiß? 217; Grefermann, Recycling-Industrie, 38 ff.

70 Grefermann, Recycling-Industrie, 52 ff.; Bilitewski/Härdtle, Abfallwirtschaft, 25–31; Poppe, Reparaturpolitik, 36 ff.

71 Grefermann, Recycling-Industrie, 47 ff.; Bilitewski/Härdtle, Abfallwirtschaft, 25–33.

72 Vgl. für den Schrotthandel in den USA und sein gesellschaftliches Image: Zimring, Cash.

wuchsen aus den nichtmetallischen Materialien, insbesondere aus dem zunehmenden Kunststoffanteil.

Ähnliche Herausforderungen waren mit dem Recycling von Elektro- und Elektronikgeräten verbunden. Seit 2003 wurden die Rücknahmeverpflichtungen der Hersteller sowie des Handels zunehmend verschärft. Dennoch landete ein nicht unerheblicher Teil des Elektroschrotts in Ländern der Dritten Welt, wo er nicht ordnungsgemäß entsorgt wurde. Seit den späten 1980er Jahren suchte die Regierung die von den Abermillionen Batterien ausgehende Umweltgefährdung durch Vereinbarungen mit den Herstellern, den Importeuren und dem Handel zu reduzieren. Dabei ging es um eine Besschränkung der in den Batterien verarbeiteten Gefahrenstoffe sowie um die Implementierung von Sammelsystemen.

Die Synthese von Hygiene und Wegwerfen

Mit dem Begriff der »Hygienewaren« wird darauf hingewiesen, dass mit diesen Krankheitskeime bekämpft werden sollen. Nach Gebrauch werden sie üblicherweise weggeworfen. Zur Produktgruppe gehören in den Haushalten und im privaten Bereich Toilettenpapier, Windeln, Monatsbinden, Tampons, Kondome, Taschentücher, Kosmetiktücher, Handtücher, Küchenrollen, Servietten und anderes mehr. Zu den – hier nicht behandelten – Hygienewaren gehören aber auch in Krankenhäusern Einweghandschuhe, Einwegspritzen und anderes Material. Neben der Hygiene ist die mit dem Gebrauch verbundene Bequemlichkeit ein wichtiges Verkaufsargument. Die Hygienewaren bestehen aus preiswerten Stoffen wie Papier, Zellstoff, Gummi oder Kunststoffen. Die Produkte aus Papier oder Zellstoffwatte ersetzten in vielen Fällen textile Materialien aus Baumwolle. Es gehört zur alltäglichen Routine, sie zu gebrauchen und dann wegzuwerfen. Allerdings ist das Wegwerfen nicht zwingend erforderlich. Bei den meisten Produkten bestehen auch Alternativen, wie die Möglichkeit, sie zu reinigen und erneut zu verwenden.

Einige dieser Hygieneprodukte kamen in der zweiten Hälfte des 19. Jahrhunderts auf den Markt. Eine weite Verbreitung fanden sie im Allgemeinen aber erst in der entwickelten Konsumgesellschaft nach dem Zweiten Weltkrieg. Eine Marktuntersuchung von 1973 weist ausdrücklich auf den »entwicklungsträchtigen Bereich der Wegwerfartikel« hin.[1] Grundsätzlich kann bei zahlreichen Hygieneartikeln wie bei Toilettenpapier auch Altpapier eingesetzt werden. Solche Produkte schneiden bei Tests gut ab, besitzen aber tatsächlich nur eine begrenzte Verbreitung. So reduzierte sich bei Hygienepapieren der Anteil an Altpapier nach der Jahrtausendwende von etwa 75 auf 50 %; technisch wären etwa 80 % möglich.[2] Und die meisten Recyclingpapiere werden in öffentlichen Institutionen eingesetzt, während die Haushalte sie meiden. Es sieht so aus, als ließe sich der Grauschimmer dieser Papiere nicht mit den herrschenden Hygienevorstellungen in Einklang bringen.

Ein klassisches Wegwerfprodukt ist das Toilettenpapier. Vor seiner Zeit dürfte die Reinigung nach dem Stuhlgang auf sehr unterschiedliche Art und Weise erfolgt sein, mit der Hand und Wasser, mit pflanzlichen Materialien, mit textilen Abfällen, kurz mit allem, was den hygienischen Zweck zu erreichen versprach.[3] Für China und den arabischen Raum ist die Verwendung von Papier schon viel früher belegt, in den westlichen Ländern in relevantem Umfang erst im 19. Jahrhundert. Zugrunde lag die Verbilligung des Papiers durch die Verwendung von Holz und Zellstoff als Rohmaterialien an Stelle der Lumpen. Beliebt war insbesondere Zeitungspapier. Alte Zeitungen wurden in handliche Stücke geschnitten und auf dem Abtritt deponiert. Diese Art der Verwendung von Altpapier findet sich auch noch in der Zeit nach dem Zweiten Weltkrieg.

Eigens hergestelltes Toilettenpapier taucht um die Mitte des 19. Jahrhunderts auf.[4] Zunächst handelte es sich um Einzelblätter, die zu Päckchen zusammengelegt waren. Wenig später kamen Rollen mit Perforation auf, die man an der Wand auf Haltern befestigen konnte. Die Verbreitung erfolgte sehr langsam. Das Toilettenpapier

---

1   Grefermann, Papierverarbeitung, 102.
2   www.test.de, 25. 7. 2013; vgl. Grefermann, Globalisierung, 111–14; Blechschmidt, Altpapier, 45.
3   Vgl. Furrer, Wasserthron, 175 f.
4   Furrer, Wasserthron, 167 f.; Thoms, Körper, 110 f.; Panati, Universalgeschichte, 268–71.

war teuer und galt als Luxus. Gesellschaftliche Tabus behinderten die Werbung.[5] In Deutschland gab es dennoch bereits um die Jahrhundertwende Fabriken, die sich auf Toilettenpapier spezialisiert hatten.[6] Eine allgemeine Verbreitung fand das Toilettenpapier jedoch erst nach dem Zweiten Weltkrieg. Zwischen 1950 und 1971 verzehnfachte sich der Pro-Kopf-Verbrauch.[7] Mit der Zeit erreichten die jährlichen Verkaufszahlen eine Größenordnung von Milliarden Rollen. Das zunächst raue, holzhaltige aus Krepp bestehende Papier wurde seit den 1970er Jahren mehr und mehr durch die zarteren und saugfähigeren Tissue-Qualitäten abgelöst. Um die gleiche Zeit kam Feuchtpapier zur Nachreinigung auf den Markt. Der Neckermann-Katalog bewarb die neue Papierqualität mit »schützt vor Infektionen und Bazillen«.[8] Der Anteil an Recyclingpapier betrug 2016 aufgrund der Abstinenz der privaten Haushalte nur 24 %.[9]

Windeln aus unterschiedlichen Materialien dienten bereits vor Jahrhunderten zum Wickeln der Kleinkinder. Sie konnten nach dem Gebrauch weggeworfen oder, sofern sie aus Baumwolle oder Leinen bestanden, gewaschen werden. Nach dem Zweiten Weltkrieg entwickelten Unternehmen in den USA und in Europa die Einwegwindel. Sie bestand aus mehreren Schichten aus Zellstoff und Kunststoffen, die den Po trocken halten und die Feuchtigkeit aufnehmen sollten.

Eine weitere Verbreitung fanden in den USA erst die um 1960 von Procter & Gamble hergestellten Pampers.[10] In den 1960er und 1970er Jahren dominierten die Pampers den Windelmarkt. 1977 gelang es Kimberly-Clark, mit den Huggies ein konkurrenzfähiges Produkt zu etablieren. Die Huggies wiesen eine für die Kinder angenehmere Form auf. In der Folgezeit teilten sich Procter & Gamble sowie Kimberly-Clark einen Großteil des amerikanischen Windelmarkts. In der Bundesrepublik begann die Verbreitung der Wegwerfwindeln etwa ein Jahrzehnt später. Die amerikanischen Firmen

5   Allgemeine Papier-Rundschau 114 (1990), 395; vgl. z. B. als frühe Werbeanzeige: Der Drogenhändler 18 (1918), 328.
6   Papierzeitung 30 (1905), 2994.
7   Grefermann, Papierverarbeitung, 31 f.
8   Neckermann-Katalog, 1983 Frühjahr/Sommer, 995.
9   Wikipedia, Art. »Toilettenpapier«, Zugriff am 10. 12. 2015.
10   Madhavan, Applied Minds, 158 ff.; Heinrich/Batchelor, Kotex, passim.

konkurrierten auf dem Markt mit deutschen Papierfabriken. Procter & Gamble kamen mit ihren Pampers 1973 auf den deutschen Markt.

Danach setzte sich in der Bundesrepublik die Wegwerfwindel schnell durch. Um die Jahrtausendwende dürften weit mehr als 90 % aller Babys den Komfort der neuen Windeln genossen haben. Kleinkinder werden bis ins Alter von drei bis vier Jahren gewickelt. Zusammen genommen ergibt dies eine Zahl von 4 bis 6000 Windeln.[11] Für die Bundesrepublik lassen sich daraus jährliche Windelzahlen von um die 3 Milliarden berechnen. Hinzu kommen Seniorenwindeln. Veranschlagt man nur das Windelmaterial und nicht den Urin und die Fäkalien, so machen Windeln nach Gewicht etwa 1 % des Hausmüllaufkommens aus.[12] Dabei ist zu berücksichtigen, dass die Masse der einzelnen Windel durch die Hersteller wesentlich reduziert worden ist.[13]

Wie viele andere Wegwerfprodukte gerieten die Einwegwindeln im Zuge der Umweltdiskussion in die Kritik. Als Alternative werden unter anderem Mehrwegwindeln aus Baumwolle empfohlen.[14] Sie gelten allerdings als weniger hautfreundlich und nehmen geringere Mengen an Feuchtigkeit auf, so dass sie häufiger gewechselt werden müssen. Angeblich werden die Babys aber früher trocken. Die gebrauchten Windeln werden in einem geruchsdichten Windeleimer gesammelt. Man kann sie selbst waschen oder einem Windeldienst übergeben. Die Mehrwegwindeln lassen sich bis zu 180 Mal verwenden. Sie machen zweifellos mehr Arbeit als die Einwegwindeln, sollen aber im Endeffekt kostengünstiger sein.

Die vergleichenden Ökobilanzen der Einweg- und Mehrwegwindeln sind umstritten.[15] Natürlich fällt bei den Wegwerfwindeln wesentlich mehr Abfall an. Das verwendete Wasser bewegt sich bei beiden Windeln in ähnlichen Größenordnungen. Bei den Wegwerf-

---

11   Institut für Produktanalyse, Produktlinienanalyse Babywindeln, 27 f.; Rathje/ Murphy, Müll, 185; Lentz u. a., Vergleichende Umweltbilanzen, 370 f.

12   Lentz u. a., Vergleichende Umweltbilanzen, 385.

13   Cordella u. a., Evolution, 322 ff.

14   Vgl. Rathje/Murphy, Müll, 191; Rieger, Baumwollwindeln

15   Schmidt-Bleek, Der ökologische Rucksack, 84–86; Institut für Produktanalyse, Produktlinienanalyse Babywindeln, 122 ff.; Rathje/Murphy, Müll, 189 ff.; Lentz u. a., Vergleichende Umweltbilanzen.

windeln benötigt man es bei der Zellstoffproduktion, bei den Mehrfachwindeln für das Waschen. Bei den Mehrfachwindeln sind die Energie und der Verbrauch an Waschmitteln einzurechnen. Außerdem die beim Anbau der Baumwolle eingesetzten schädlichen Stoffe. Eine seriöse Studie gelangt zu dem Ergebnis:[16] »Keine der beiden Windelarten zeigt bei Berücksichtigung sämtlicher Umweltaspekte, das heißt Rohstoffbedarf, Abfälle, Abwässer, Abluft und Energiebedarf eindeutige Vorteile. Bei der Entscheidung über die zu verwendende Windelart kann sich der Verbraucher daher von anderen Gesichtspunkten als von Umweltfragen leiten lassen. Dieser Bereich eignet sich daher nicht für prinzipielle Umweltauseinandersetzungen.«

Seit alters her benutzten die Frauen bei der Menstruation Binden aus textilen Materialien. Die Binden stellten sie im Allgemeinen selbst her, allerdings gab es seit dem späten 19. Jahrhundert auch schon kommerzielle Angebote. Bereits vor dem Ersten Weltkrieg gingen Hersteller in den Industrieländern bei den Monatsbinden zu Zellstoff als Material über; nach Gebrauch wurden die Zellstoffbinden weggeworfen.[17] Die Verbreitung dieser Binden hielt sich aber noch in engen Grenzen. Sie waren teuer, und die Frauen empfanden sie als unbequem. Stoffbinden konnten sie, ihren anatomischen Bedürfnissen entsprechend, selbst zuschneiden.

Die erste Erfolgsgeschichte der Wegwerfbinde schrieb in der Zwischenkriegszeit die amerikanische Firma Kimberly-Clark.[18] Das Unternehmen entwickelte im Ersten Weltkrieg ein aus Zellulose bestehendes Verbandsmaterial zur Substitution von Baumwolle. Als der Markt bei Kriegsende zusammenbrach, stellte es seit 1920 Damenbinden unter dem Markennamen Kotex her, zusammengesetzt aus Cotton und Texture.

Die Werbung, in die das Unternehmen beträchtliche Summen investierte, nahm auf das damals herrschende Schamgefühl Rück-

---

16 Lentz u.a., Vergleichende Umweltbilanzen, 389.
17 Strasser, Waste, 161 ff.; Umbach, Kosmetik, 299; Hering/Maierhof, Die unpäßliche Frau, 36–38 u. 60–63; vgl. für Deutschland die Anzeigen in: Der Drogenhändler 18 (1918), 298 u. 485; 20 (1920), z.B. 84.
18 Heinrich/Batchelor, Kotex; Strasser, Waste, 160–70; Slade, Made to Break, 20 f.

sicht.[19] Sie stellte Kotex einerseits in einen medizinischen Zusammenhang. Andererseits hob sie die Modernität und die Bequemlichkeit des Produktes hervor. Ein Vorteil der Binden Kimberly-Clarks bestand darin, dass sie dem Körperbau unschwer angepasst werden konnten. Die in den Werbeanzeigen abgebildeten Frauen aus der Oberschicht oder dem Show-Business gingen zahlreichen Tätigkeiten außerhalb des Haushalts nach. In den 1930er Jahren dehnte die Firma die Werbekampagnen auch auf jüngere Mädchen aus – so mit der Broschüre »Marjorie May's 12th Birthday«. Eine Anzeige von 1921 spielte die Kosten von Kotex herunter:[20] »cheap enough to throw away, and easy to dispose of«. Die Firma empfahl, die gebrauchten Binden nach einer Vorbehandlung einfach in die Toilette zu werfen. Dies ging nicht immer gut, wie Berichte über verstopfte Sanitäranlagen beweisen.

Der anfängliche Vertrieb über Apotheken und Drugstores erschloss keinen Massenmarkt. Bald nahmen aber auch Billiggeschäfte wie Woolworth Kotex ins Angebot. Dem Schamgefühl der Frauen tat man Rechnung, indem man Kotex zur Selbstbedienung auslegte. Ein weiterer Vertriebsweg stellten Automaten auf Damentoiletten dar. In den späten 1920er Jahren dürfte Kotex einen Marktanteil von etwa 70 % besessen haben.[21] Danach schrumpfte der Anteil der Marke, weil mehr und mehr Konkurrenten auf den Markt drängten.

In Deutschland begann der Siegeszug der Zellstoffbinden etwas später und benötigte vor allem mehr Zeit.[22] Einen relevanten Erfolg erzielten die Papierwerke Nürnberg mit der 1926 auf den Markt gebrachten Marke »Camelia«, einer Zellstoffbinde, die in ein Monatshöschen geschoben oder an einem Gürtel befestigt wurde. Die Papierwerke stellten Binden in verschiedenen Größen und Ausführungen her. Sie ließen sich durch die Frauen – wie Kondome durch Männer – diskret erwerben, indem man einen vorgedruckten Zettel

19 Vgl. Waschek, Dieses kleine Stück Watte.
20 Heinrich/Batchelor, Kotex, 56.
21 Heinrich/Batchelor, Kotex, 62 u. 87.
22 Grefermann, Papierverarbeitung, 23 ff.; Umbach, Kosmetik, 298 ff.; Hering/
   Maierhof, Die unpäßliche Frau; 60 Jahre Camelia; Waschek, Dieses kleine
   Stück Watte; vgl. die Anzeige in: Der Drogenhändler 27 (1927), 1413.

über den Tresen schob.[23] In späterer Zeit trennte die Kundin einen Bestellabschnitt von der verbrauchten Packung ab. Der schamhafte Umgang mit Hygieneprodukten setzte sich in der frühen Bundesrepublik fort. Der Drogeriekönig Dirk Rossmann berichtet über das Geschäft seiner Eltern in den 1950er Jahren:[24] »Wenn Kundinnen kamen, die für damalige Zeiten »heikle« Produkte kaufen wollten, zum Beispiel Damenbinden, bestanden sie darauf, ausschließlich von meiner Mutter bedient zu werden. Einen männlichen Verkäufer zu fragen, das wäre ihnen im Traum nicht eingefallen. … Selbst nach Toilettenpapier zu verlangen, war vielen unangenehm.«

Die Werbung in der Zwischenkriegszeit stellte die Binden in einen medizinischen Zusammenhang, thematisierte aber auch die erweiterte Teilhabe der Frauen am öffentlichen Leben.[25] Die Krankenschwester Thekla hob den durch Camelia gewährten Schutz vor Erkältungen hervor. Die Binden – so die Reklame – ermöglichten die »diskreteste und einfachste Vernichtung«. In anderen Anzeigen wurde man noch deutlicher. Ein Katalog sprach – ähnlich wie in den USA – die Empfehlung aus, die Binde »nach Gebrauch ins Klosett zu werfen, wo sie sich auflöst und weggeschwemmt wird.«[26] Im Zweiten Weltkrieg wurde die Produktion von Camelia als kriegswichtig eingestuft.[27] Die Vereinigten Papierwerke erhielten zudem den Auftrag, die Zwangsarbeiterinnen aus dem Osten mit Monatsbinden auszustatten.[28]

Nach dem Krieg ließen sich Monatsbinden auch in Lebensmittelgeschäften erstehen und nicht mehr ausschließlich im Textilhandel. Die Werbung wurde offener und direkter.[29] In den 1970er Jahren propagierten die Nürnberger Papierwerke die Camelia-Binde auch

---

23 60 Jahre Camelia 11; Waschek, Dieses kleine Stück Watte, 76; Hering/Maierhof, die unpäßliche Frau, 130.

24 Rossmann, »… dann bin ich …«, 39 f.

25 Vgl. Waschek, Dieses kleine Stück Watte, 71, 84 u. 95; Hering/Maierhof, Die unpäßliche Frau, 74; 60 Jahre Camelia 13 f.

26 Hering/Maierhof, Die unpäßliche Frau, 100.

27 60 Jahre Camelia 15.

28 Neckermann, Erinnerungen, 120–22.

29 60 Jahre Camelia 17 u. 23 (hier das Zitat); Waschek, Dieses kleine Stück Watte, 91 ff.

für die Töchter, wenn deren Menstruation einsetzte. Die mit Blick auf die Konkurrenz des Tampons konzipierte Werbebotschaft strapazierte den Begriff der »Natürlichkeit«: »Denn Binden lassen die Vorgänge im Körper unberührt. Sie greifen nicht ein, sondern passen sich an.« Je nach Stärke der Blutung, wurden die Binden weiter ausdifferenziert. Jetzt wies man zudem darauf hin, dass die Binden in Müllverbrennungsanlagen umweltfreundlich entsorgt würden.[30]

Im Laufe der Nachkriegszeit drängte das Tampon die Monatsbinden in eine Nische zurück. In den 1930er Jahren stiegen in den USA mehrere Unternehmen in den Tamponmarkt ein – auch Kimberly-Clark – allerdings zunächst mit sehr begrenztem Erfolg.[31] Die aus Baumwollwatte bestehenden Tampons waren nicht saugfähig genug, um den Binden erfolgreich Konkurrenz zu machen. Dies änderte sich nach dem Krieg. Bis zu den 1960er Jahren lösten die Tampons die Binden als bevorzugtes Mittel bei der Menstruation ab.

1950 gingen das deutsche Unternehmen von Carl Hahn mit seiner Tamponmarke o. b. sowie die amerikanische Firma Tampax mit der gleichnamigen Marke auf den deutschen Markt.[32] Der Automobilmanager Carl Hahn, der später die Leitung von Volkswagen übernahm, ließ sich von Tampax anregen und schuf mit o. b. eine deutsche Konkurrenz.[33] Der Name der Marke o. b. bedeutete ohne Binde und sollte vor allem unverfänglich sein. Die Tampons waren in Cellophan eingepackt und wurden in mehreren Größen angeboten. Die Vereinigten Papierwerke verwarfen dagegen die Aufnahme einer Tamponproduktion, weil man der eigenen Bindenmarke Camelia keine Konkurrenz machen wollte.[34] Anfangs äußerten Vertreter der Ärzteschaft erhebliche Zweifel an den Tampons.[35] Sie malten die Gefahr von Infektionen an die Wand und warnten vor einer Gefährdung der Jungfräulichkeit und einer »Verleitung zur Masturba-

---

30 60 Jahre Camelia 25.

31 Heinrich/Batchelor, Kotex, 100, 138 u. 178;

32 Vgl. hierzu Waschek, Dieses kleine Stück Watte; Hering/Maierhof, Die unpäßliche Frau, 113, 122 ff., 130 u. 134; Wikipedia, »Monatshygiene«, Zugriff am 9. 11. 2018.

33 Hahn/Kirchberg, DKW Hahn, 188 ff.

34 Schöllgen, Gustav Schickedanz, 216 u. 234.

35 Hering/Maierhof, Die unpäßliche Frau, 113 u. 122 ff.

tion«. Bei diesen Bedenken handelte es sich um Vorurteile, die sich schnell als unbegründet erwiesen.

Die Marke o. b. wurde bis 1973 durch Carl Hahn produziert und dann durch den amerikanischen Konzern Johnson & Johnson übernommen. Die Werbung für o. b. gibt die Bemühungen wider, das Tampon auf dem deutschen Markt zu platzieren.[36] In den 1950er Jahren wandte man sich gegen existierende hygienische Vorurteile, indem man o. b. als »klinisch erprobt, ärztlich empfohlen« bezeichnete. Die Anzeigen bildeten vorzugsweise »moderne Frauen« in sportlicher Betätigung oder mit sportlichen Accessoires ab. Sie stellten Frauen beim Segeln, Ballspielen, Tennis, Schlittschuhlaufen, Schwimmen und bei der Gymnastik dar. Die Sicherheit des Tampons bildete ein durchgängiges Thema. Einige Anzeigen suggerierten, dass Monatsbinden weniger sicher seien. Eine Anzeige von 1957 kontrastierte eine Tennis spielende Frau mit zwei Spielerinnen in den früheren knöchellangen Tenniskostümen: »Gestern – das war die Zeit der Trippelröcke und der Schnürtaillen, des Sonnenschirms und der Migräne. Das war jene Zeit um die Jahrhundertwende, in der vornehme Blässe und Überempfindlichkeit zum Idealbild eines weiblichen Wesens gehörten.« »Heute – das ist die Zeit des Fortschritts, der sich zum Glück nicht nur auf die Technik beschränkt.« Dank o. b. könnten sich die Frauen heute leichter kleiden als früher: »Bekümmert verzichteten sie auf ihr hübsches leichtes Sommerkleid, auf Badeanzug und die geliebten Shorts.« Mehrfach war die Rede von den »verlorenen Tagen«, die o. b. abgeschafft habe.

Der Sport und das Kleiden wurden auch in den Anzeigen seit den 1970er Jahren thematisiert. Diese waren jetzt nicht mehr schwarz-weiß, sondern farbig. 1971 konnte man zum Bild einer extravaganten sportlichen jungen Frau lesen: »Wer Binden trägt kann manches nicht gut tragen. Minis und Bikinis zum Beispiel, enge Röcke und heiße Höschen.« In der Anzeige wurde erstmals auf prüde Umschreibungen des Schambereichs verzichtet; stattdessen wurden Scheide, Gebärmutter und Menstruation explizit benannt.

---

36 Ich danke dem Pressebüro von Johnson & Johnson (Frau Alina Stockhausen), dass es mir Werbeanzeigen für o. b. für den Zeitraum zwischen 1950 und 1990 zur Verfügung gestellt hat.

In den 1970er Jahren erschienene Anzeigen wandten sich direkt an junge Mädchen und dementierten den Mythos der Entjungferung durch Tampons.[37] 1983 charakterisierte man die jungen Mädchen: Sie wollen »Anziehen, was sie wollen. Und wenn's der frechste Mini ist.« 1988 brachte man ein Bild der deutschen Meisterin in der Rhythmischen Sportgymnastik mit einer Sporttasche, welche Johnson & Johnson für 19,95 DM anbot. Sie enthielt eine Außentasche mit einer Probepackung o. b. 1990 verkündete eine tanzende junge Frau: »Ich will eine zuverlässige Monatshygiene. Damit ich mich auch in meinem besten Kleid sicher fühle.«

Bereits in den 1950er Jahren stilisierten die Hersteller die Tamponbenutzerin als moderne, lebensfreudige, unternehmenslustige und selbstsichere Frau und kontrastierten sie mit ihrer dem Alten verhafteten Großmutter. Dessen ungeachtet bot man neutrale Etuis und Packungen an, welche die Frauen unauffällig mit sich führen konnten. Im Endeffekt dauerte es in Deutschland wesentlich länger als in den USA, bis in die frühen 1990er Jahre, dass das Tampon die Monatsbinden und Slipeinlagen überholte.[38]

Monatsbinden führten Johnson & Johnson nicht im Angebot; sie hätten der Erfolgsmarke o. b. Konkurrenz gemacht. Stattdessen brachte man 1977 die Slipeinlage Carefree auf den Markt, die mit Klebestreifen im Höschen befestigt wurde.[39] Carefree sollte Ausflüsse aus der Scheide aufnehmen, die bei jungen Mädchen vor der ersten Periode, aber auch bei älteren Frauen z.B. bei Hormonschwankungen auftraten. Inzwischen war es möglich, über diese Dinge offen zu reden. Die Anzeigen suggerierten mit Texten wie »Der hygienische Wäscheschutz für jeden Tag« und »Die gepflegte Frau benutzt sie täglich«, dass Carefree vorsorglich immer getragen werden sollte.

In den 1980er Jahren wurde die Werbung für Carefree noch mehr personalisiert. Die Anzeigen zeigten nicht mehr nur die Porträts

---

37 Vgl. Hering/Maierhof, Die unpäßliche Frau, 137.
38 Grefermann, Papier- und Pappeverarbeitung, 132 f.; Umbach, Kosmetik, 309.
39 Ich danke dem Pressebüro von Johnson & Johnson (Frau Alina Stockhausen) dafür, dass es mir Werbeanzeigen für Carefree für den Zeitraum zwischen 1977 und 1990 zur Verfügung gestellt hat.

von Frauen und jungen Mädchen, sondern stellten diese in Aktion dar, beim Sport, im Beruf und beim Shoppen. »Jede Frau hat Spaß daran, wenn sie bei einem Boutiquenbummel etwas findet, was ihr besonders steht. Dabei macht einem das schönste Kleidungsstück nur die halbe Freude, wenn man sich nicht frisch und sicher fühlt.« Die Models auf den Bildern wurden mit (Phantasie)Namen vorgestellt. Eine andere Anzeigenserie bildete Unterwäsche ab. In den späten 1980er Jahren wurden die Anzeigen frecher. Zu Abbildungen extravaganter Frauen war zu lesen:»Only Boys don't take Carefree«, und die Einlage wurde als »Vorrecht der Frau« angepriesen. 1990 war sogar ein nackter weiblicher Torso zu sehen – wenn auch in dezenter Weise.

Das Kondom kann man sich heute nur als Wegwerfprodukt vorstellen.[40] Dies sah jedoch in den Jahrzehnten um den Ersten Weltkrieg anders aus. Um die Jahrhundertwende lösten Gummikondome die teuren aus tierischem Darm gefertigten Kondome ab. Aber auch die Gummikondome stellten für nicht so wohlhabende Männer eine relevante Investition dar. Als Konsequenz wurden die Kondome mehrfach – einige Dutzend Mal – genutzt. Sie wurden nach Gebrauch gewaschen, getrocknet und erneut ihrer Bestimmung zugeführt. Die Ärzte akzeptierten dies, sofern die Geschlechtspartnerinnen nicht wechselten. Einige Firmen brachten spezielle »Dauer-« oder »Arbeiter-Präservative« in den Handel. Die Mehrfachnutzung der Kondome verschwand erst nach dem Zweiten Weltkrieg, als die Realpreise dramatisch sanken.

Über lange Zeit schnäuzten sich die Menschen mit den Fingern oder in den Ärmel.[41] Empfehlungen, hierfür ein Tuch zu benutzen, tauchten seit dem 16. Jahrhundert auf. Das in der Regel aus Baumwolle bestehende Taschentuch fand erst in der zweiten Hälfte des 19. Jahrhunderts weite Verbreitung. In der Folgezeit gehörten Taschentücher in verschiedenen Größen und zahlreichen Farben zu den Angeboten der Textilgeschäfte. Papiertaschentücher waren zwar bereits im 19. Jahrhundert bekannt, bildeten aber noch eine Rarität. Sowohl in den USA wie in Deutschland entwickelte sich das Papier-

---

40 Vgl. hierzu König, Das Kondom, 25 u. 32f.
41 Panati, Universalgeschichte, 263.

taschentuch dann in der Zwischenkriegszeit zum ernsthaften Konkurrenten der Stofftücher. In beiden Ländern wurde die jeweils erste
erfolgreiche Marke, Kleenex in den USA, Tempo in Deutschland,
zum Synonym für Papiertaschentücher.

In den 1920er Jahren erlebten in den USA Kosmetikprodukte
eine Konjunktur.[42] 1924 entwickelte Kimberly-Clark Kleenex, ein
Zellstofftuch zum Entfernen von Kosmetika. Die Kundinnen ver-
wandten Kleenex darüber hinaus – vom Unternehmen eigentlich
nicht vorgesehen – als Taschentuch. Kimberly-Clark griff den Trend
auf und entwickelte seine Tücher für verschiedene Zwecke weiter –
auch fürs Naseputzen. Die Werbung betonte die Bequemlichkeit
und Hygiene der Wegwerftücher:[43] »Germ-filled handkerchiefs
are a menace to society«. In der Zwischenkriegszeit dürfte man nur
Marktnischen erreicht haben. In der Nachkriegszeit verdrängte das
Papiertaschentuch allmählich die Konkurrenz aus Stoff. Seine Position als Marktführer konnte Kimberly-Clark nur begrenzte Zeit
halten, da zahlreiche Konkurrenten auf den Markt drängten. Bis
zur Gegenwart sind die amerikanischen Haushalte und Automobile
mit den mit Taschentüchern gefüllten Schachteln ausgerüstet. Die
in Deutschland dominierende handliche Taschenpackung ist in den
USA weitgehend unbekannt.

Wie Kimberly-Clark mit Kleenex schrieben die Vereinigten
Papierwerke in Nürnberg mit Tempo eine Erfolgsgeschichte.[44]
1929 meldeten sie Tempo als Warenzeichen an. Ebenso wie in den
USA bildeten Hygiene und die Arbeitsersparnis – »Kein Waschen
mehr!« – zentrale Verkaufsargumente. Der Besitzer des Versandhauses Quelle, das NSDAP-Mitglied Gustav Schickedanz, übernahm 1934/35 die einem Juden gehörenden Papierwerke. Bereits
vor dem Zweiten Weltkrieg stiegen die jährlichen Verkaufszahlen
der Papiertaschentücher auf bis zu 400 Millionen. Dies mutet viel
an, ist aber wenig mit Blick auf die in der Nachkriegszeit erreichten
Produktionszahlen von vielen Milliarden. Das Unternehmen legte

---

42 Strasser, Waste, 175 ff.; Heinrich/Batchelor, Kotex, passim.
43 Strasser, Waste, 180.
44 Reubel-Ciani, Der Katalog, 125; Vereinigte Papierwerke, 50 Jahre; VP-
    Schickedanz, Tempo; www.tempo-web.de; Zugriff am 10. 12. 2015.

besonderen Wert auf die Verbesserung der Gebrauchseigenschaften. In der Zeit der Umweltdiskussion hob man darüber hinaus hervor, dass die Taschentücher »biologisch abbaubar, kompostierbar und schadstofffrei verbrennbar« seien.[45] Der Erfolg des Taschentuchs ebnete den Weg von Tempo zur Dachmarke – für Servietten, Kosmetik- und Küchentücher. Wie bei Kleenex in den USA ging der Marktanteil von Tempo mit der Zeit aufgrund der Konkurrenz zurück, »Tempo« wurde zur herstellerunabhängigen Produktbezeichnung.

Im Auftrag der Nürnberger Papierwerke verfasste Eugen Roth 1954 ein umfangreiches Gedicht zur Geschichte des Schnäuzens und des Taschentuchs.[46] Das Gedicht endet mit einem – problematischen – Hinweis zur Entsorgung, der dem damals Üblichen entsprochen haben dürfte:

Man schneuzt sich einmal, aber gründlich
Und wirft samt allem, was entzündlich –
Statt Selbstansteckung, immer neuer –
Das Tuch ins Wasser oder Feuer.

In dem Gedicht rückte Eugen Roth das Material Papier gegenüber dem Stoff ins rechte Licht. Die Verdrängung des Stofftaschentuchs durch das Papiertaschentuch lässt sich am Beispiel des Neckermann-Katalogs verfolgen.[47] Der Katalog enthielt über viele Jahrzehnte sowohl Taschentücher aus Stoff wie solche aus Papier. Allerdings schrumpfte das Stoffangebot seit den 1970er Jahren, um die Jahrtausendwende sucht man es in den Neckermann-Katalogen vergeblich.

Ähnlich wie Taschentücher führte der Neckermann-Katalog lange Zeit Stoff- und Papierservietten nebeneinander.[48] Wie zahl-

---

45 VP-Schickedanz, Tempo, 85.

46 Roth, Das kleine Buch vom Taschentuch.

47 Neckermann-Katalog 1955, Herbst/Winter, 99 u. 129; 1961/62, Herbst/Winter, 235–37; 1968/69 Herbst/Winter, 75, 84f., 165, 195, 316 u. 323; 1974/75 Herbst/Winter, 372; 1983 Frühjahr/Sommer, 217; 1990 Frühjahr/Sommer, 667.

48 Neckermann-Katalog 1955, Herbst/Winter, 129; 1968/69 Herbst/Winter, 630; 1974/75 Herbst/Winter, 608; 1999/2000 Herbst/Winter, 723, 731f., 735 u. 737.

reiche andere Papierprodukte hatten die Papierservietten im Ersten Weltkrieg als Ersatzmaterialien Auftrieb erhalten.[49] Aber noch 1930 vermutete eine Tageszeitung, dass Servietten aus Papier als unfein gelten würden. Das Organ der Papierwirtschaft legte sich ins Zeug, um dieses Vorurteil auszuräumen.

Kleenex diente in unterschiedlichen Ausführungen als Kosmetik-, Taschen- und Küchentuch. In den deutschen Haushalten sind die Küchentücher vor allem in Form von Rollen präsent. Neben den saugfähigen Küchentüchern verfügen die Haushalte über weitere Rollen, welche die Arbeit erleichtern, mit Papier zum Backen, Butterbrotpapier, Frischhaltefolie, Aluminiumfolie und anderem mehr. Die Gemeinsamkeit besteht darin, dass die Papiere und Folien nach dem Gebrauch weggeworfen werden.

Papierhandtücher aus gekreppten Seidenpapieren sollen bereits um die Jahrhundertwende einen relevanten Markt besessen haben.[50] Sie dienten der Hygiene in den Toiletten von Restaurants, Hotels, Eisenbahnzugen und Schiffen. Auch heute noch haben sie ihre Domäne im öffentlichen Bereich. In den USA waren sie 1938 immerhin in fast jedem fünften Haushalt vorhanden.[51] In öffentlichen Einrichtungen stehen sie in Konkurrenz mit auf Rollen gezogenen textilen Handtüchern sowie mit Lufttrocknern. Eine Abschätzung des Umweltbundesamts aus dem Jahr 1993 gelangte zu der vorläufigen Einschätzung, dass die Papierhandtücher dabei die schlechteste Umweltbilanz aufweisen – außer man greift auf Recyclingpapier zurück.[52]

Im Hygienebereich wird am wenigsten kritisch über das Wegwerfen diskutiert – zu offensichtlich sind die Vorteile. Dennoch ist das Wegwerfen nicht unabdingbar, sofern man bereit ist, Nachteile in Kauf zu nehmen. Hierzu gehört die Rückkehr vom Wegwerfmaterial Papier zum waschbaren Stoff. Allerdings wäre jeweils zu prüfen, ob der Energie- und Waschmittelaufwand nicht die ökologischen Vorteile der Mehr- und Vielfachnutzung aufwiegt. Darüber hinaus

---

49 Wochenblatt für Papierfabrikation 61 (1930), 1582.
50 Der Papier-Fabrikant 8 (1910), 913–15; Grefermann, Papierverarbeitung, 29.
51 Strasser, Waste, 179.
52 Umweltbundesamt, Händetrocknungssysteme.

kursieren auch radikale Alternativvorschläge. Für die Menstruation werden unter anderem spezielle Tassen empfohlen.[53] Bei Kleinkindern soll man ein Gefühl dafür entwickeln, wann sie aufs Töpfchen müssen. Und manche Reisende dürften in muslimischen Ländern beim Defäkieren schon zur Wasser- und Handreinigung gegriffen haben. Es sei dahingestellt, was von diesen Vorschlägen praktikabel und kulturell akzeptabel ist.

---

53 www.utopia.de/ratgeber/oekorrekte-damenhygiene-alle-tage-…; Zugriff am 10. 12. 2015.

Verschwendung von Lebensmitteln

S chätzungen besagen, dass sowohl global als auch national zwischen einem Viertel und der Hälfte der Lebensmittel weggeworfen wird.[1] Davon soll etwa die Hälfte des Ausschusses nicht zu vermeiden sein, die andere Hälfte wäre im Prinzip zum Verzehr geeignet. Weggeworfen wird in allen Stadien des Verwertungsprozesses, in der Landwirtschaft, in der Lebensmittelindustrie, im Handel und bei den Konsumenten. In den Ländern der Dritten Welt dürften mehr Lebensmittel bei der Produktion verloren gehen. Es fehlt häufig an Infrastruktur, an Erntemaschinen, an geeigneten Lagerungsmöglichkeiten, an Vermarktungsmöglichkeiten. In den Ländern der Ersten Welt wird mehr bei der Konsumtion weggeworfen.

Verschiedene Studien gelangen für die Bundesrepublik Deutschland, auf die sich die folgenden Ausführungen konzentrieren, zu dem Ergebnis, dass die privaten Haushalte für zwischen 40 und 70 % der vernichteten Lebensmittel verantwortlich sind, der Rest verteilt

---

1   Vogt, Lebensmittelabfälle, 56 ff.; Hegnsholt, Tackling; Das große Wegschmeissen 5 ff. u. 21 ff.; Grewe, Teilen, 193 ff.

sich auf die anderen Akteure.[2] Der Großteil der Verluste könnte vermieden werden. Im Folgenden soll dies an Beispielen aus den Bereichen Produktion, Handel und Haushalte illustriert werden.

Brathähnchen und Eier sind Produkte, bei denen die Rationalisierung und Industrialisierung besonders weit getrieben wurden.[3] Die hoch spezialisierte Aufzucht von Hühnern teilen sich wenige Zucht- und Vermehrungsbetriebe. Sie zielt entweder wegen des Fleischs auf Hähnchen oder wegen der Eier auf Hühner. Die früher auf den Bauernhöfen gezogenen weiblichen »Zweinutzungshühner« für Fleisch und Eier gelten als nicht mehr konkurrenzfähig. Die jeweils andersgeschlechtlichen Tiere werden vergast und geschreddert. Allein in der Europäischen Union betrifft dies jährlich mehr als 300 Millionen Tiere, in Deutschland etwa 40 Millionen. An sich ist der politische Wille vorhanden, diese Praxis einzustellen, aber kostengünstige Verfahren, wie die Bestimmung des Geschlechts vor der Geburt, befinden sich noch in der Entwicklungsphase.

Im Handel werden alle Produkte ausgesondert, die nicht den Vermarktungsnormen entsprechen.[4] Ausgesondertes Obst oder Gemüse ist nicht groß genug, besitzt eine ungebräuchliche Form oder Farbe oder weist kleine Schadstellen auf. Bei Möhren sollen der Selektion 20 bis 30 % der Ernte zum Opfer fallen. Die aussortierten Qualitäten werden z. B. als Viehfutter anderen Verwendungen zugeführt, werden mit Nachlässen verkauft oder schlicht weggeworfen. Auch viele nicht verkaufte Frischwaren werden am Ende des Tages vernichtet.

Gaststätten sind durch Hygienevorschriften gezwungen, alle Tellerreste wegzuwerfen oder bestenfalls in eine Biogasproduktion zu geben.[5] Vom Umweltbundesamt stammt die Anregung zu überprüfen, ob alle diese Hygienevorschriften wirklich sinnvoll sind. In einigen Kulturen wie in den USA und in China ist es üblich, dem

---

2   Bundesministerium für Ernährung und Landwirtschaft (BMEL), Jedes achte Lebensmittel; Krauert u. a., Ermittlung, 205; Das große Wegschmeissen 8 u. 39 f.; https://refowas.de; machs-mahl.de; Zugriff am 12. 11. 2018.
3   Vgl. hierzu Boyd, Making Meat; Horowitz, Making.
4   Vgl. Das große Wegschmeissen 9
5   Das große Wegschmeissen 39; Umweltbundesamt, Pressinformation v. 24. 6. 2014.

Gast größere Reste seines Essens als Doggy Bag anzubieten. Die Doggy Bags sollen während des Zweiten Weltkriegs in den USA entstanden und tatsächlich für Hunde bestimmt gewesen sein. An sich handelt es sich dabei um eine begrüßenswerte Sitte, welche Lebensmittelabfälle reduziert. Allerdings wäre zu prüfen, ob die üblichen Verpackungen aus Alufolie und Kunststoff nicht die ökologischen Vorteile wieder auffressen.

Lebensmittel machen etwa ein Drittel des Mülls der privaten Haushalte aus.[6] Früher wurde zumindest ein Teil davon kompostiert; heute ist dies aufgrund der Zusammensetzung des Mülls und der Organisation der Verwertung schwieriger geworden. In der Landwirtschaft wurden viele Abfälle an die Schweine verfüttert; heute erhalten selbst Hunde und Katzen Dosennahrung. Je kleiner und je jünger die Haushalte sind, desto mehr wird weggeworfen.[7] Eine aktuelle Studie gelangt zu dem Ergebnis, dass es sich in der Bundesrepublik Deutschland bei den weggeworfenen Lebensmitteln bei etwa 16 % um zubereitete Speisen handelt, bei mehr als 60 % um nicht genutzte.[8] Dabei stehen Obst und Gemüse an der Spitze. Die Gründe liegen unter anderem in zu großen Einkaufsmengen und ungeeigneter Lagerung. Lebensmittel sind relativ zum Einkommen immer preiswerter geworden und haben dadurch einen Bedeutungsverlust erlitten. 1950 musste ein durchschnittlicher Arbeiterhaushalt noch fast die Hälfte seines Einkommens für Lebensmittel aufbringen, 2010 war dieser Anteil auf weniger als 10 % geschrumpft.

Vermutungen besagen, dass das Mindesthaltbarkeitsdatum das Wegwerfen fördert.[9] Mit dem Datum garantieren die Hersteller, dass die Ware bis zum angegebenen Datum »unter angemessenen Aufbewahrungsbedingungen seine spezifischen Eigenschaften«, wie Farbe, Geruch, Konsistenz und Geschmack, behält. Mit dem Min-

---

6   Stokes u.a., Business, 262 f.
7   Gesellschaft für Konsumforschung, Systematische Erfassung, 25 ff.
8   Vgl. https://refowas.de; machs-mahl.de; Zugriff am 12. 11. 2018; Krauert u.a., Ermittlung, 122 u. 217; Bundesministerium für Ernährung und Landwirtschaft (BMEL), Jedes achte Lebensmittel; Gesellschaft für Konsumforschung, Systematische Erfassung, 15.
9   Vgl. Krauert u.a., Ermittlung, 226–28; Gesellschaft für Konsumforschung, Systematische Erfassung, 18 ff.

desthaltbarkeitsdatum sichern sich die Hersteller gegen Regressansprüche ab. Die Produkte können aber wesentlich länger haltbar und verzehrfähig sein. Neuere Studien gelangen zu dem Ergebnis, dass der Stellenwert des Mindesthaltbarkeitsdatums für das Wegwerfen überschätzt wird. In zahlreichen Fällen dient das abgelaufene Datum nur der Legitimation des ohnehin geplanten Wegwerfens. Nicht zu verwechseln ist das Mindesthaltbarkeitsdatum mit dem Verbrauchsdatum leicht verderblicher Lebensmittel.

In amerikanischen Haushalten erleichterte der Garbage Disposer das Wegwerfen von Lebensmittelabfällen.[10] Die ersten Versuche mit Geräten, welche Lebensmittelabfälle zerkleinerten und in die Kanalisation gaben, wurden in den 1920er Jahren gemacht. Seit Mitte der 1930er Jahre verkaufte General Electric entsprechende Geräte. Eine relevante Verbreitung fanden sie erst in den Nachkriegsjahren. Bei Neubauten wurden sie von vornherein in Einbauküchen integriert. Die Kundinnen zeigten sich zufrieden, einzelne Städte konnten ihren in der Belastung der Kläranlagen begründeten Widerstand nur begrenzte Zeit aufrecht erhalten.

Das Wegwerfen von Lebensmitteln sowie von Lebensmittelverpackungen wird dadurch gefördert, dass eine nicht unbeträchtliche Zahl an Mahlzeiten unterwegs eingenommen wird. Dabei gingen die Vereinigten Staaten den europäischen Ländern voraus. Wir besitzen keine präzisen Angaben darüber, wie sich die festen Essenszeiten der Familien mit der Zeit auflösten, aber schon in der Zwischenkriegszeit wurde in den USA Essen gemäß dem Motto »eat and run« zur Redensart. Nach neueren Untersuchungen frühstücken 75 % der amerikanischen Familien nicht gemeinsam. Die Zahl der wöchentlich zusammen eingenommenen Hauptmahlzeiten liegt bei dreien und weniger. Im Durchschnitt dauern sie nicht länger als 20 Minuten. Die Angaben spiegeln eine zentrale Tendenz des modernen Essens wider: die Ubiquität und Omnitemporalität der Nahrungsaufnahme, von Ernährungstheoretikern auch als »Grasen« (Grazing) bezeichnet: Gegessen wird an allen möglichen Orten und zu allen möglichen Zeiten. Kleine Mahlzeiten »to go« in Einwegverpackungen lassen sich inzwischen überall erstehen.

---

10   Melosi, Sanitary City, 270 ff.; Strasser, Convenience, 277.

Auch die Einrichtung der Wohnungen signalisiert, dass Essen keinen Mittelpunkt des familialen Lebens mehr bildet. Nur selten gibt es noch ein Esszimmer als eigenen Raum. Die Esstische sind aus einer mittigen in eine randliche Position gerückt. Essen stellt heutzutage kein zentrales Ereignis mehr dar, auf das es sich zu konzentrieren lohnt, sondern es verbindet sich mit anderen Tätigkeiten. Verzehrfertiges Fast food steht als Ursache und als Folge mit dieser Ernährungspraxis in Zusammenhang. Man isst am Schreibtisch im Büro, bei Besprechungen werden Sandwiches serviert, das Arbeitsessen bildet eine gehobene Form dieser Sozialpraxis der Verknüpfung mehrerer Tätigkeiten. In der Freizeit verbindet sich die Nahrungsaufnahme mit der Betrachtung eines Films im Kino, mit dem Bummeln über einen Jahrmarkt oder mit der Nutzung von Lustbarkeiten eines Freizeitparks, mit dem Sonnen am Badestrand, das tiefgefrorene »TV-Dinner« kommt in die Mikrowelle und dann vor den Bildschirm, ein Imbiss an der Straßenecke unterbricht den Einkauf. In der mobilen Gesellschaft ist der Mensch immer unterwegs und ernährt sich dabei – in der Eisenbahn, im Auto, im Flugzeug, im Bus, in der U-Bahn und auf der Straße.

In den USA mit ihren großen Entfernungen leistete das Automobil einen erheblichen Beitrag zur Verbreitung des Fast food sowie der Ubiquität und Omnitemporalität der Nahrungsaufnahme. Frühe Automobilisten, die große Entfernungen zurücklegten, steuerten zur Essensrast Ortschaften an, oder sie verpflegten sich selbst. Zumindest in der warmen Jahreszeit lockte ein Picknick am Straßenrand. Die Massenmotorisierung schuf in der Zwischenkriegszeit einen potenziellen Markt. Mit der Zeit entstanden an den Highways professionell geführte Restaurantketten, wie die von Howard D. Johnson. Johnson eröffnete sein erstes Restaurant für Autoreisende 1930 im Staat Massachusetts, das Maximum erreichte die Kette 1971 mit 871 Häusern. Johnsons Vorbild fand Nachahmer, und heute ist die Befürchtung, an den Fernstraßen dem Hungertod ausgeliefert zu sein, gänzlich unbegründet.

Einen Schritt weiter gingen in den Städten Essensstationen, bei denen man mit dem Wagen an die Essensausgabe heranfahren konnte oder die das Essen am Wagen servierten. Ähnliches gab es um die Jahrhundertwende schon für Kutschen. Für die Zielgruppe der Automobilisten eröffnete der erste Drive-in Fast food Stand angeblich 1921 in Dallas, in den 1920er und 1930er Jahren folgten Tausende. Seit 1924 baute A & W eine nationale Kette auf. Hübsche, uniformierte Mädchen, »Tray girls«, später auch »Carhops« genannt, nahmen die Bestellungen entgegen und servierten das Essen am Wagen. Obwohl einige Städte wegen des in den Drive-ins erzeugten Lärms und Abfalls restriktive Bestimmungen erließen, boomte das Konzept auch in der Nachkriegszeit. 1964 schätzte man die Zahl der Drive-ins auf mehr als 30 000, die meisten davon wegen des warmen und sonnigen Klimas in Kalifornien und Texas. Seit den 1970er Jahren lässt sich ein Rückgang verzeichnen. Die Drive-ins bildeten ein Element der jetzt auslaufenden Mode der Teenagerkultur; außerdem untergrub das entstehende Umweltbewusstsein ihre Existenz.

Die Drive-ins machten das Automobil zum Essplatz, der sich auch im Fahren nutzen ließ. Der Schluck aus der Kanne und der Verzehr während des Fahrens dürften so alt sein wie der Fernverkehr. In neuerer Zeit ist »Dine and Drive« jedoch zum Begriff und zur festen Institution geworden. Die Zersiedelung der amerikanischen Stadtlandschatten mit Wohnen in Einfamilienhäusern außerhalb und Arbeiten in den Zentren verlängerte die Fahrten zur Arbeit, der unterentwickelte öffentliche Nahverkehr bot meist keine Alternative zum Auto. Da ließ sich die tote Fahrzeit für eine kleine Mahlzeit nutzen. »Drive Thrus« servierten das Fast food durchs Autofenster – von der Pizza über Softdrinks bis zu Hamburger mit Ketchup. Der geübte Dine and Driver rüstete seinen Wagen entsprechend aus: Becherhalter, zwischen Lenkrad und Brust zu befestigende Essenstabletts, Vinylschürzen als Schutz des Büroanzugs ermöglichten selbst üppige Mahlzeiten. Statistiken besagen, dass in den USA inzwischen jedes sechste Essen im Auto verzehrt wird. Auch bei den ortsfesten Restaurants gingen Automobil und Fast food eine enge Verbindung ein. Kein Fast food-Restaurant ohne gute Erreichbarkeit und ohne einen großen Parkplatz.

Fast food wurde zur Bezeichnung derjenigen Gerichte, die Fast food Stands und Restaurants oder Schnellimbisse in Minutenfrist nach der Bestellung ausgaben. In diesen Zusammenhängen tauchte der Begriff in den USA erstmals um die Mitte der 1950er Jahre auf. Deswegen wird Fast food vor allem auf die Angebote amerikanischer Ketten bezogen, wie den Big Mac oder den Cheeseburger. Allen Begriffsbedeutungen gemeinsam ist die Hervorhebung der Geschwindigkeit: der Essenszubereitung, der Essensausgabe und teilweise des Essens selbst. Übereinstimmung besteht meist auch darin, dass Fast food amerikanische Herkunft besitzt, amerikanischen Charakter verkörpert und sich als Element einer Amerikanisierung der Welt verbreitet hat.

Heute verbindet man Fast food mit Namen wie McDonald's. Doch lässt sich die Geschichte des schnellen Essens, des Schnellimbisses und des Schnellrestaurants weiter spannen. In den USA etablierten sich im späten 19. Jahrhundert einfache Holzbuden ohne Sitzgelegenheiten in der Nähe von Fabriktoren und boten den Arbeitern in der Mittagspause z.B. einfache Bohnengerichte an. Anspruchsvollere Schnellimbisse mit einem vermehrten Essensangebot entstanden in Freizeitparks, auf Jahrmärkten, an Badestränden, an Eingängen öffentlicher Parks und in Geschäftsvierteln. Auch hier führte der Erfolg einer innovativen Idee zu Ketten, welche die Kunden mit einem standardisierten Angebot und baulichen Signalen an die Tresen lockten. So erwuchs aus einem 1921 in Wichita, Kansas, eröffneten Schnellimbiss das Unternehmen White Castle.

Der Hauptunterschied zwischen Schnellimbiss und Schnellrestaurant lag in der Essensauswahl und dass man vor dem einen stand und in dem anderen saß. Ansonsten arbeitete das Restaurant mit ähnlichen Methoden wie der Imbiss: Standardisierung des Angebots, der Baulichkeiten, des Outfits des Personals, um mit einer vertrauten Atmosphäre die Kunden zu binden. Das McDonald-Imperium besitzt seinen Ursprung in einem Drive-in-Restaurant von Maurice und Richard McDonald in San Bernardino, Kalifornien. 1948 reduzierten die McDonalds ihr Angebot auf Hamburger, Pommes frites, Milch-Shakes und einiges andere. Mitte der 1950er Jahre begann das Konzept zu boomen. Heute gehören zu McDonald's mehr als 18 000 Niederlassungen in 89 Ländern. Nachahmer des ertragreichen Konzepts fanden sich schnell. Burger King, Kentucky Fried Chicken, Wendy's, Pizza Hut und andere bauten ähnlich erfolgreiche Ketten auf. Wie die Namen schon kundtun, spezialisierten einige das Angebot; andere weiteten es aus. Manche gliederten sich Drive-thrus an, in denen die Kunden das Essen mit dem Auto abholten.

Es ist bereits deutlich geworden, dass das Fast food-Restaurant tief in der amerikanischen Geschichte und Kultur wurzelt und viele Gründe für seinen Erfolg namhaft zu machen sind. Zum Boom seit den 1960er Jahren trugen soziale Veränderungen bei. Die Kunden entstammten der zunehmenden Zahl von Kleinfamilien, bei denen beide Elternteile arbeiteten. Dann drängte die »Baby-Boom-Generation« auf den Markt, das heißt die nach dem Krieg geborenen Jugendlichen, die über ein relativ hohes Taschengeld verfügten. Die Jugendlichen orientierten sich an den Gewohnheiten und Leitbildern der Altersgenossen und schufen eine spezifische Jugendkultur. Ein Element dieser Jugendkultur stellte das Fast food-Restaurant dar.

Beim Essen außer Haus wird besonders viel weggeworfen. Die Mengen sind normiert, und die Anbieter sparen nicht bei den Portionen. Schließlich benötigt das Essen eine besondere Verpackung. Es soll weder die Kleidung noch das Auto verschmutzen. Die Verpackungen und die Esswerkzeuge werden in der Regel weggeworfen. Die in manchen Fast food-Restaurants auf die Spitze getriebene Rationalisierung machte auch vor dem Essgeschirr nicht Halt. Die zum Wegwerfen bestimmten Teller und Becher bestanden früher aus Pappe, heute wie auch die Bestecke aus Plastik. Damit sparte man teures Geschirr und den Abwasch. Darüber hinaus drang das Einweggeschirr in andere Verwendungsbereiche vor. Es reduzierte die Arbeit bei Festen und Partys, begleitete das Picknick und gehörte zur Grundausrüstung der Camper.

Sowohl Pappbecher wie Pappteller werden aus Hartpapier hergestellt, das seine Eigenschaften durch eine Tränkung mit anderen Stoffen, wie z. B. Kunstharz, erhält. Sie standen bereits in der zweiten Hälfte des 19. Jahrhunderts zur Verfügung.[11] Am schnellsten verbreiteten sich die aus Wachspapier bestehenden Becher unter Verweis auf ihre hygienischen Vorteile in den USA. Einige Bundesstaaten verboten die Blechbecher an öffentlichen Orten, nachdem Untersuchungen eine hohe Keimbelastung festgestellt hatten. Die Becher aus Pappe ersetzten die »kollektiven« Blechbecher, welche mit Ket-

---

11   Wikipedia, Art. »Einweggeschirr« Zugriff am 7. 12. 2015; Panati, Universalgeschichte, 295–97; Strasser, Waste, 181; Schmidt-Bachem, Aus Papier, 538 ff.

ten an Trinkwasserspendern hingen. Jetzt gaben Automaten mit Wasser gefüllte Pappbecher aus. In der Zwischenkriegszeit fanden sich Pappbecher auch dort, wo die hygienischen Vorteile fraglich sind, wie in Drugstores – aus dem Grund, dass sie Reinigungsarbeiten einsparten.

In der Bundesrepublik wuchs in den 1950er Jahren der Anteil der Hartpapierwaren an der Papierproduktion überproportional.[12] Vermutungen besagen, dass sich darunter nicht wenige Pappbecher und Papierteller befanden. Heute sind weltweit viele Milliarden Einwegbecher im Einsatz. Sie nehmen den überall angebotenen Coffee-to-go und andere Getränke auf. Auf die deutsche Bevölkerung entfielen 2014 pro Kopf 34 Kaffeebecher.[13] Die heutigen Becher bestehen aus etwa zwei Drittel Pappe und einem Drittel Kunststoffen. Kaltgetränke werden meist aus reinen Plastikbechern konsumiert. Inzwischen gibt es Gegenbewegungen, die sich bemühen, die Becherflut einzudämmen. Man propagiert Mehrwegbecher, die mitgebracht, geliehen oder erworben werden können.

Pappteller und Pappschüsseln wurden mindestens seit den 1860er Jahren in großen Mengen fabriziert.[14] Dazu kamen Waschschüsseln und Seifennäpfchen aus Pappe. Man produzierte sie anscheinend in unterschiedlichen Qualitäten. Die bessere Ware war mit buntem Lack bemalt, die einfachere dürfte keinen Schmuck getragen haben. Eine frühe deutsche Quelle zählte Irrenanstalten, Kinderstuben und das Reisen als Einsatzfelder auf. Das amerikanische Versandhaus Sears führte Pappgeschirr bereits 1914 im Katalog. In großem Umfang soll es in den 1930er und 1940er Jahren für die Versorgung amerikanischer Arbeiter zum Einsatz gekommen sein. McDonald's griff von Anfang an auf Pappbecher und Pappteller zurück.

In der Nachkriegszeit traten Kunststoffe in Konkurrenz zur Pappe. Ein Wegwerfprodukte behandelnder, 1968 veröffentlichter Artikel in einer amerikanischen Kunststoffzeitschrift empfahl – sicher mit einem Augenzwinkern – zur Ersparnis des Abwaschs Spritzgieß-

---

12 Schroeder, Papierverarbeitung, 24 ff.
13 Nach Angaben der Deutschen Umwelthilfe.
14 Papierzeitung 30 (1905), 1236; vgl.Schmidt-Bachem, Aus Papier, 549.

maschinen, mit denen sich jeder Haushalt seine Teller selbst produzieren könne: »Just eat … throw away … and make some more as needed«. So weit kam es nicht, aber auch in der Bundesrepublik entwickelten sich Partys und Camping zu einem Markt für Wegwerfprodukte. Ende der 1950er Jahre machte ein Zehntel der deutschen Urlauber Camping, Zahlen, die in die Millionen gingen.[15] Der Party- und Campingmarkt erschien auch für ein Versandgeschäft wie Neckermann lohnend. So enthielt der Katalog längere Zeit Papier- und Stoffservietten nebeneinander, die Papierservietten firmierten zeitweise unter »Party-Servietten«.[16] 1990 bot Neckermann auch Plastikgeschirr für den Campingurlaub an.[17]

Die Wegwerfartikel aus Plastik, aber vor allem die weggeworfenen verzehrfähigen Lebensmittel wurden zunehmend als Skandal empfunden. Ein Beispiel hierfür sind die Aktivitäten des Filmemachers Valentin Thurn.[18] Seit etwa 2009 initiierte Thurn Kampagnen gegen die Lebensmittelverschwendung in Gestalt einer Internetplattform, eines im Fernsehen und in den Kinos gezeigten Films und eines zusammen mit dem Journalisten Stefan Kreutzberger verfassten Buchs. Bezeichnenderweise lautete ein Kapitel des Buches »Konsumwahn und Wegwerfgesellschaft«. Darüber hinaus betätigte sich Thurn an zentraler Stelle in dem Verein »Foodsharing«, der Lebensmittel einsammelte, um sie an Bedürftige weiterzugeben.[19]

In die gleiche Richtung gehen die Aktivitäten der seit 1993 gegründeten »Tafeln«.[20] Sie sammeln bei den Herstellern und im Handel Lebensmittel ein, die ansonsten weggeworfen würden und machen sie Bedürftigen zugänglich. 2015 wurden mehr als 900 Tafeln gezählt, an denen 50 000 ehrenamtliche Helfer mitarbeiteten und die 1,5 Millionen Menschen versorgten. Die Tafeln lassen sich als Protest gegen die Wegwerfgesellschaft und gegen die Armut in-

---

15 Weber, Versprechen, 101.
16 Neckermann-Katalog, 1974/75 Herbst/Winter, 608.
17 Neckermann-Katalog, 1990 Frühjahr/Sommer, 868.
18 Kreutzberger/Thurn, Essensvernichter, 9, 280 ff.
19 Wahlen, Foodsharing; Baier, Welt, 184–86.
20 Vgl. Lorentz, TafelGesellschaft.

terpretieren. Kritiker wenden aber auch ein, dass die Tafeln dazu beitragen, die Armut zu verfestigen.

Inzwischen hat auch die Politik das Thema entdeckt. Sowohl die Europäische Union wie die Bundesregierung haben ihren Willen bekundet, den Umfang der weggeworfenen Lebensmittel deutlich zu reduzieren.[21] Erste Überlegungen zeigen, dass es hierfür keinen Königsweg gibt, sondern eine Fülle ganz unterschiedlicher Maßnahmen in den einzelnen Bereichen erforderlich ist. Eine vom Bundesministerium für Ernährung und Landwirtschaft 2012 gestartete Kampagne »Zu gut für die Tonne« wendet sich mit einer Internetplattform auch an die Verbraucher.[22] Dort findet man unter anderem »10 Goldene Regeln, um Lebensmittelabfälle zu vermeiden«: mit Einkaufszettel arbeiten, sich beim Einkauf Zeit nehmen, auch Produkte mit kleinen Macken und bevorstehendem Mindesthaltbarkeitsdatum kaufen, richtig kühlen und lagern, Reste verwerten und anderes mehr.

---

21 Das große Wegschmeissen 13 u. 62; Krauert u. a., Ermittlung, 2.
22 Bundesministerium für Ernährung und Landwirtschaft (BMEL), Jedes achte Lebensmittel.

Kleidung: Verschleiß und Mode

Der heutige Umgang mit Kleidung unterscheidet sich dramatisch von dem in früheren Zeiten. Der wichtigste Grund liegt darin, dass sich die Realpreise der Kleidung in markanter Weise reduziert haben. Garne und Stoffe werden heute vor allem maschinell gefertigt, in der Kleidung ist dagegen noch ein größerer Aufwand an Handarbeit enthalten. Kleidung wird deswegen dort hergestellt, wo die Arbeitslöhne besonders niedrig sind. Davon profitieren besonders gegen Ende des 20. Jahrhunderts aufgekommene Ketten, die Billigkleidung vertreiben. Als Folge ist zwischen 2000 und 2015 in Deutschland der Textilkonsum um fast die Hälfte gestiegen.[1]

Die Kleidung dient natürlich auch heute noch dem Schutz vor der Witterung. Doch ist dieser Zweck mehr in den Hintergrund getreten. Mit Kleidung schmückt man sich und verleiht den Vorstellungen der eigenen Persönlichkeit Ausdruck.[2] Darüber hinaus situiert man sich in sozialen Kontexten. Die ästhetisch-expressiven und sozial-kommunikativen Funktionen von Kleidung überlagern deren

---

1 Weller, Wider »besseres« Wissen? 88.
2 Einen Einstieg und Überblick zur Modetheorie bieten: Bovenschen, Listen; Schnierer, Modewandel.

technisch-physische Aufgabe. Im Laufe der Geschichte gewann das Schmücken und Repräsentieren durch Kleidung gegenüber dem Wärmen an Stellenwert. Diese Bedeutungsverlagerung erfolgte mit sozialen Phasenverschiebungen: zuerst in den oberen, dann in den niederen Ständen, Klassen und Schichten; zuerst in der Stadt, dann in den ländlichen Gebieten; zuerst in sinnenfreudigeren, dann in asketischeren Gesellschaften.

Modisches Verhalten wird bereits in der Vor- und Frühgeschichte des Menschen identifiziert. Es findet sich auch in den Unterschichten zur Zeit der Frühindustrialisierung. Modische Variationen konzentrierten sich damals vor allem auf Accessoires wie Tücher und Bänder; einen häufigen modischen Wechsel der Anzüge und Kleider ließen die Einkommen nicht zu. stattdessen wurde Kleidung wieder und wieder geflickt und umgearbeitet. In der Folgezeit verliefen die Erhöhung der Kaufkraft, die Reduzierung des Flickens, Stopfens und Ausbesserns, die soziale Verbreitung modischer Kleidung und die Beschleunigung der Rhythmen der Mode parallel. Heute erfasst die Mode die gesamte Gesellschaft und lässt den schnellstmöglichen naturalen Rhythmus, den der Jahreszeiten, hinter sich.

Bei der Mode wirken Phänomene der Nachahmung und der Abgrenzung zusammen. Die oberen Schichten – so der Philosoph Georg Simmel – verwenden Mode als Markierung, um sich von den unteren abzugrenzen.[3] Die modische Nachahmung durch Angehörige der unteren Schichten zwinge die oberen, sich neue modische Formen anzueignen. Die Mode ist nach Simmel unentrinnbar. Kleine Fluchten aus der Mode werden selbst zur Mode und von der Modeindustrie aufgenommen, so dass sie gegebenenfalls weitere Fluchtversuche provozieren. Andere Modetheoretiker wie der Wirtschaftshistoriker Werner Sombart lassen die Mode nicht nur in der Natur des Menschen wurzeln, sondern begreifen sie als ein kapitalistisches Phänomen.[4] Die kapitalistischen Unternehmer suchten mit Hilfe der Mode ihren Umsatz und Gewinn zu steigern. Mit Hilfe

---

3   Simmel, Zur Psychologie; Simmel, Frau.
4   Sombart, Der moderne Kapitalismus, Bd. 3, 605 ff.; Schnierer, Modewandel, 81–85.

der Mode ließen sich Güter psychologisch verschleißen; sie sollten antiquiert, veraltet wirken.

Eine vermittelnde Position nimmt der Soziologe René König ein.[5] Die Wirtschaft nutze die in den Menschen vorhandene Bereitschaft zum modischen Wechsel, aber sie produziere sie nicht. Sie verallgemeinere, beschleunige und vervielfältige als »Verstärker« die Mode mit Hilfe von Techniken der Massenproduktion. Wie seine Vorgänger erblickt König die sozialhistorische Funktion der Mode in sozialer Identifikation einerseits und sozialem Wettbewerb andererseits. Modische Konkurrenz könne sich sowohl innerhalb sozialer Gruppen wie zwischen ihnen abspielen. In der Moderne erfasste die Mode auch die Mittelklassen. Nach König wurde die modische Dynamik jetzt nicht mehr von den Männern, sondern von den Frauen getragen. Die Frau entwickelte sich zur »Konsumkäuferin« schlechthin und damit zu einem dynamisierenden Wirtschaftselement.

Im 20. Jahrhundert fand eine radikale »Demokratisierung« der Mode statt. Mode ist für König ein wichtiges Element bei der Entwicklung der Mittelstandsgesellschaft und der Massenkultur. Modische Innovationen gehen jetzt von den Mittelklassen aus und verbreiten sich von dort sozial nach oben und unten. Genauer sind es die jungen Mittelschichtfrauen in den Großstädten, welche als erste Modeströmungen aufgreifen und weitertragen. Und die Mode erfasst nunmehr die jungen Männer und bricht partiell den puritanischen Immobilismus der Herrenmode auf, welcher seit der Industrialisierung Bestand hatte. Die Bereitschaft zu modischen Innovationen nimmt mit höherem Alter ab. Die Mode wird also insgesamt immer jugendlicher; die Jugendmoden verändern die Erwachsenenmoden. Ihre Zahl und ihre Kaufkraft machen die Jugendlichen zu einer Kundengruppe von erheblicher ökonomischer Bedeutung. Nach René König wird die Mode im 20. Jahrhundert nicht nur zu einem sozial allumfassenden Phänomen, sondern sie erreicht mit ihrem Wandel im Rhythmus der Jahreszeiten auch eine nicht weiter zu steigernde Geschwindigkeit. In dieser Hinsicht irrte König. Heute wechseln die Moden mehr als vier Mal im Jahr.

---

5   König, Menschheit.

Die Mode war also schon früh ein allgemeines gesellschaftliches Phänomen. Man sollte allerdings bei den unteren sozialen Schichten in der Frühindustrialisierung die Quantität und Qualität der Kleider nicht überschätzen. Meistens handelte es sich um getragene Kleidung, welche in der Familie weitergegeben wurde oder aus dem Altkleiderhandel stammte oder um eine milde Gabe von Wohlhabenden. Die Kleidungsstücke wurden immer wieder geflickt und geändert, so dass sie häufig schäbig und abgetragen aussahen. Seit der Mitte des 19. Jahrhunderts unterstützte die Nähmaschine diese Arbeiten. Neue Kleidung war – als Ausstattung – auf längere Haltbarkeit hin konzipiert, manches davon für das ganze Leben. Man wusch die Kleidung nicht so häufig, denn Waschen erhöhte den Verschleiß. Eine Garnitur konnte durchaus eine Woche getragen werden.

Auch die Mittelschichten gingen sorgsam mit der Kleidung um. Besonders beanspruchte Teile wie Kragen, Manschetten und Hemdbrüste konnten ausgetauscht werden.[6] So bot das Versandgeschäft Mey & Edlich im späten 19. Jahrhundert Kragen und Manschetten mit leinenappretiertem Stoffüberzug an.[7] Die Anzeigen empfahlen, die Kleidungsstücke nach Gebrauch wegzuwerfen, weil allein das Waschen fast so teuer komme wie ein Neukauf. Noch in den 1960er Jahren finden sich im Neckermann-Katalog entsprechende Angebote.[8] Die dort gezeigten Teile bestanden aus Baumwolle. Seit den 1880er Jahren stand für diese Zwecke mit Zelluloid aber auch ein nahezu unverwüstliches Material zur Verfügung.[9] Außerdem ließ es sich leicht abwaschen. Mit den reinweißen Kleidungsteilen aus Zelluloid verfügten Männer aus der Mittelschicht über preiswerte Mittel, um sich sozial nach unten, gegen die schmutzigen Arbeiter, abzusetzen und Anschluss nach oben, an die vom Schmutz der körperlichen Arbeit unberührten Wohlhabenden, zu suchen.

---

6   Vgl. Reuß/Dannoritzer, Kaufen, 37.
7   Reubel-Ciani, Der Katalog, 24.
8   Neckermann-Katalog 1961/62, Herbst/Winter, 88; 1968/69 Herbst/Winter, 123.
9   Vgl. Friedel, Pioneer Plastic; Kaufman, The First Century; Meikle, American Plastic, 10–30.

Die Handarbeiten Stricken, Nähen und Flicken gehörten zu den in der Schule gelehrten weiblichen Grundkompetenzen – und dies in allen sozialen Schichten.[10] Der Textilunterricht sollte auch zu »Sparsamkeit, Ausdauer und Reinlichkeit« erziehen.[11] Frauen- und Modezeitschriften enthielten Schnittmuster und Tipps für das Umarbeiten. Der erste Katalog des 1927 gegründeten Versandhauses Quelle umfasste »Kurz- und Wollwaren und einschlägige Artikel«.[12] Bis weit nach dem Zweiten Weltkrieg bildeten Handarbeitsartikel eine Säule des Geschäfts. Nach einer Umfrage von 1979 führten 73 % der befragten Frauen Näh- und Ausbesserungsarbeiten durch.[13] Zwischen 1959 und 1968 verkaufte Quelle eine Million Nähmaschinen.[14] Auch der Neckermann-Katalog enthielt eine breite Auswahl an Nähmaschinen, Nähzeug und Scheren zum Zuschneiden.[15] Allerdings reduzierte sich das Angebot mit der Zeit. Parallel dazu ging die Herstellung von Stopfgarn zurück. In wirtschaftlichen Krisenzeiten wie Mitte der 1970er Jahre erhöhte sich dagegen vorübergehend der Umsatz mit Stoffen zum Selberschneidern.[16]

Flicken, Ausbessern und Resteverwertung gehörten mindestens bis in die Zwischenkriegszeit zur Normalität. So bot der Quelle-Katalog von 1928 auch Flickmaterial für Hosenträger an.[17] Außerdem enthielt er Seidenband- und Gummibandreste, die sich für Haarschleifen und Strumpfbänder eigneten. Mit der Zeit vermehrten sich die Anzeichen, dass die weiblichen Handarbeiten keine Selbstverständlichkeit mehr darstellten. In der deutschen hauswirtschaftlichen Literatur der späten 1920er Jahre finden sich Überlegungen,

---

10 Derwanz, Zwischen Kunst, 206f.

11 Derwanz, Zwischen Kunst, 211f., das Zitat 211.

12 Reubel-Ciani, Der Katalog, 12f.; außerdem 65, 90f., 113, 128, 152, 155ff., 171 u. 193.

13 Rumpel-Nienstedt in Flick-Werk 85.

14 Reubel-Ciani, Der Katalog, 215 u. 217; Schöllgen, Gustav Schickedanz, 280. Schöllgen, Gustav Schickedanz, 280.

15 Neckermann-Katalog 1955, Herbst/Winter, 111 u. 125; 1961/62, Herbst/Winter, 89, 241, 271 u. 365–67; 1968/69 Herbst/Winter, 409, 493 u. 526; 1990 Frühjahr/Sommer, 890

16 Neckermann, Erinnerungen, 359.

17 Reubel-Ciani, Der Katalog, 42f.

in welchen Fällen es sich noch lohnte, Strümpfe zu stopfen.[18] In den Wohlstandsgesellschaften trat dann die Neuanschaffung an die Stelle des Flickens und Umarbeitens.»Ich will nicht, daß Du in diesem Haus Strümpfe flickst! Wirf sie weg!«[19] Mit diesen Worten lässt Arthur Miller in seinem 1949 verfassten »Tod eines Handlungsreisenden« die Titelfigur Willy Loman seiner Frau Linda in den Arm fallen. Willy Loman markiert mit dem geforderten Verzicht auf Flickarbeiten ein Attribut der Mittelschicht, der er ungeachtet seiner prekären finanziellen Lage unbedingt weiter angehören will – und sei es nur in Träumen und Illusionen.

Seit den 1970er Jahren reduzierten die meisten bundesdeutschen Schulen den Handarbeitsunterricht für Mädchen.[20] In vielen Fällen waren jetzt gekaufte Textilien billiger als selbst gemachte. Nähen und Stricken bildeten keinen Teil der Hausarbeit mehr, sondern mutierten zum Hobby – oder zum weltanschaulichen Bekenntnis. Nähkästchen finden sich zwar noch in den meisten Haushalten.[21] Allerdings beschränkt sich das Ausbessern für Kleidung auf die einfachsten Arbeiten. Schon das Annähen eines Knopfes empfinden viele als Zumutung.

Eine ähnliche Entwicklung kann man beim Schneidergewerbe beobachten.[22] Im 19. und 20. Jahrhundert wandelte sich die Schneiderei vom Produktions- zum Änderungsbetrieb. Gleichzeitig ging besonders in der Nachkriegszeit die Zahl der selbständigen Schneider dramatisch zurück. In der Bundesrepublik schrumpfte ihre Zahl bis Ende der 1970er Jahre von an die 150000 auf 12000.[23] Bei den verbleibenden Betrieben handelte es sich in erster Linie um von Zuwanderern betriebene Änderungsschneidereien. Aber auch diese sind bedroht. Das Tragen geflickter Kleidung führt zur gesell-

---

18 Reith, Reparieren, 156.
19 Miller, Death, 151.
20 Derwanz, Zwischen Kunst, 212.
21 Derwanz, Zwischen Kunst, 200ff.
22 Zur Geschichte des Schneiderhandwerks: Hülsenbeck, Schneidern; Langer, Handwerk; Lenger, Sozialgeschichte, 132–38; Döring, Vom Konfektionsgewerbe.
23 Lenger, Sozialgeschichte, 178.

schaftlichen Abwertung.[24] Bei einer 2015 durchgeführten Umfrage gab mehr als die Hälfte der Befragten an, noch nie Kleidung zum Schneider zum Ausbessern gebracht zu haben.[25]

Eine analoge Entwicklung findet man beim Schuhmacherhandwerk.[26] Im Kaiserreich wandelte sich die Schuhmacherei vom produzierenden zum reparierenden Gewerbe. 1875 fertigte das Handwerk noch etwa 90 % aller Schuhe an, Anfang der 1890er Jahre 60 %.[27] 1930 entstammten nur noch 3 bis 6 % der neuen Schuhe Handwerksbetrieben, die große Mehrheit wurde in Fabriken hergestellt. Dies bedeutete, dass die Zahl der Schuhmachereien deutlich zurückging. Ihre Zahl reduzierte sich von etwa 240 000 (1895) über 200 000 (1907) auf etwa 150 000 in der Zwischenkriegszeit.[28] Zwischen den beiden Weltkriegen kann man von einer Konsolidierung des Handwerks sprechen. Fast die Hälfte der von den Verbrauchern für Schuhe getätigten Ausgaben floss in das Reparieren, ein Hinweis auf den Wert und die Wertschätzung von Schuhen.[29] Dies war mehr als bei der Kleidung, wo die Frauen Reparaturarbeiten selbst vornahmen.

In der Zwischenkriegszeit entstanden als Konkurrenz zum Handwerk Reparaturwerkstätten, die sich auf das Besohlen von Schuhen spezialisierten.[30] Hierzu gehörte das wenig Kompetenz erfordernde Erneuern der Pfennigabsätze modischer Damenschuhe. Nach dem Krieg nahm die Zahl dieser »Schuhbars« zu. Sie fanden ihre Kundschaft in Ladenpassagen und Einkaufszentren oder erweiterten das Dienstleistungsangebot von Wäschereien, chemischen Reinigungen und Schlüsseldiensten. In manchen Werkstätten konnten die Kundinnen auf ihre Schuhe warten. Der deutsche Marktführer, Mister Minit, besitzt etwa 300 Filialen.

---

24 Derwanz, Zwischen Kunst, 203.
25 Wegwerfware Kleidung; Wahnbaeck u. a., Usage, 10.
26 Greber, Schuhmacherhandwerk; Weber, Schuhmacher; Sudrow, Reparieren, 233 ff.
27 Greber, Schuhmacherhandwerk, 40.
28 Greber, Schuhmacherhandwerk, 42 ff.
29 Sudrow, Reparieren, 232 f.
30 Greber, Schuhmacherhandwerk, 41; Sudrow, Reparieren, 235.

In der Nachkriegszeit schrumpfte die Zahl der Schuhmacher weiter, wobei es den verbleibenden zunächst recht gut ging. 1949 zählte man noch etwa 76 000 Betriebe, 1961 etwa 43 000.[31] 2006 war die Zahl der Betriebe auf gut 4700 gesunken, 2011 auf etwa 1580.[32] Die Tendenz ging von der Voll- zur Teilreparatur. Schuhe wurden nicht mehr ganz besohlt, sondern nur noch an den Spitzen und Enden ausgebessert.

Jährlich werden in Deutschland etwa 300 Millionen Paar Schuhe verkauft, das macht pro Kopf vier Paar.[33] Der große Teil dieser Schuhe ist nicht mehr auf Haltbarkeit ausgelegt. Inzwischen schätzt man die Lebensdauer eines einfachen Herrenschuhs auf ein Jahr, die eines Damenschuhs ist wesentlich kürzer. Zum Vergleich: Ein handwerklich gefertigter Maßschuh für Herren hält 10 bis 15 Jahre. Die Menschen behandeln Schuhe mehr und mehr als Wegwerfprodukte. Die bereits zitierte Umfrage von 2015 gelangt zu dem Ergebnis, dass die Hälfte der 18- bis 39-Jährigen noch nie Schuhe zur Reparatur gebracht hat.[34] Diese Tendenz wird dadurch gefördert, dass nicht wenige Schuhe gar nicht mehr repariert werden können. Dies gilt z. B. für zahlreiche Sport- und Freizeitschuhe mit angegossenen Kunststoffsohlen.

Ein markantes Beispiel für die Entwicklung eines Kleidungsstücks von einem Luxus- zu einem Wegwerfprodukt ist der Nylonstrumpf.[35] Die Nylonfaser entstand seit Mitte der 1930er Jahre bei dem amerikanischen Chemieriesen Du Pont. Sie wies eine große Elastizität sowie eine hohe Reiß- und Scheuerfestigkeit auf, und zwar auch in nassem Zustand. Du Pont traf die strategische Entscheidung, sich auf die Entwicklung eines Produkts zu konzentrieren: auf Damenstrümpfe. 1940 war es soweit. Bis zum Ende des

---

31 Greber, Schuhmacherhandwerk, 51.
32 Nach Angaben des Deutschen Handwerkkammertags sowie Poppe, Reparaturpolitik, 6.
33 Röper, Gibt es geplanten Verschleiß? 287 f.; Schmidt-Bleek, Der ökologische Rucksack, 62 f.
34 Wegwerfware Kleidung; Wahnbaeck u. a., Usage, 10.
35 Hounshell/Smith, Science, 235 ff.; Meikle, American Plastic, 125–52; Panati, Universalgeschichte, 258; Röper, Gibt es geplanten Verschleiß? 304 ff.; Meyer-Schneidewind/Sauerbier, Strümpfe; Buck, »Gewirkte Wunder …

Jahres verkauften die Händler 36 Millionen Strümpfe und eroberten damit mehr als 30 % des Damenstrumpfmarktes – und dies obwohl die Strümpfe mehr kosteten als die konkurrierenden Kunstseidenstrümpfe. Die Frauen rissen sich um die Nylons, nicht nur, weil sie praktisch waren, sondern vor allem weil sie das Bein zur Geltung brachten wie kein anderer Strumpf. Der Strumpf machte die herrschende beinfreie Mode erst attraktiv.

Nach dem Krieg setzte sich der Erfolg fort. Erneut übertraf die Strumpfnachfrage die ohnehin schon hoch geschraubten Absatzerwartungen. Die Gazetten sprachen von einem Sturm auf die Warenhäuser, den »Nylon riots«. Mitte der 1950er Jahre kam der haltbare, auf Rundstrickmaschinen hergestellte nahtlose Strumpf auf den Markt.[36] Er ersetzte in wenigen Jahren die Strümpfe mit Naht. Offensichtlich waren es die Frauen leid, mühsam die Naht zu richten. Seit etwa 1960 folgte die Strumpfhose, deren Verbreitung die Minirockmode förderte. Innerhalb eines Jahrzehnts verdrängte die Strumpfhose die Strümpfe weitgehend. In den folgenden Jahrzehnten wurden mehr und mehr Strumpfhosen in modischen Farben und Mustern hergestellt.

In Deutschland wurde mit Perlon bereits vor dem Krieg ein Äquivalent zum Nylon entwickelt. Das synthetische Garn ging aber nicht in die Strumpfproduktion, sondern in militärische Ausrüstungen. Die deutschen Frauen konnten also keine Strümpfe kaufen, nahmen aber die amerikanischen Nylons durchaus wahr. Manche imitierten die begehrten Strümpfe mit Hilfe von Farbstoffen.[37] Nach dem Krieg war der Weg in der Bundesrepublik für Strümpfe aus der Kunstfaser frei. Hier arbeitete man zunächst noch vorwiegend mit Perlon und ging im Laufe der Zeit zu Nylon als Material über, das eine Reihe von Vorteilen aufwies.[38]

Die Strümpfe waren anfangs noch sehr teuer. In der Bundesrepublik kosteten Kunstseidenstrümpfe 1949 zwischen drei und fünf

---

36 Buck, »Gewirkte Wunder …, 32 ff.; Meyer-Schneidewind/Sauerbier, Strümpfe, 48 f. u. 52.

37 Buck, »Gewirkte Wunder …, 37 f.

38 Meyer-Schneidewind/Sauerbier, Strümpfe, 44 u. 97.

Mark, Strümpfe aus Perlon zwölf Mark und mehr.[39] Aber es gab auch Ausreißer. So bot das Versandhaus Quelle 1949 »amerikanische Nylons« für 6,95 Mark an.[40] Ungeachtet der hohen Preise verdrängten die Nylon- und Perlonstrümpfe die Kunstseidenstrümpfe in kurzer Zeit.[41] In vielen Erzählungen tauchen die Nylons als Liebeswährung amerikanischer Soldaten auf.[42] Es handelte sich jedenfalls um ein Luxusprodukt, bei dem sich Surrogate lohnten. So ließ sich das Bein mit Hilfe von Flüssigkeiten wie »Farbstrumpf Coloral Sonnenbraun« einfärben; ein Augenbrauenstift imitierte die Naht.

Die Frauen, die sich die teuren Nylons leisten konnten, sahen darin ein bewahrenswertes Gut. Die Bedrohung der Strümpfe durch Laufmaschen bildete in den 1950er Jahren ein großes Thema.[43] Ratschläge wurden gehandelt, wie man Laufmaschen vermeiden könne. Dies ging bis zum Gebrauch von Handschuhen beim Überstreifen der empfindlichen Strümpfe. Für die Aufbewahrung der kostbaren Strümpfe gab es eigene Taschen mit separaten Fächern. Bildete sich doch eine Laufmasche, dann ließ sich diese für einen kleinen Betrag in überall entstehenden Reparaturstellen beseitigen.[44]

Die Reparaturstellen für die Nylons bildeten eine vorübergehende Erscheinung. Verbesserte Produktionsverfahren reduzierten die Garn- und die Strumpfpreise. Mitte der 1950er Jahre kostete ein Paar Nylons schon weniger als drei Mark. Ihren Tiefstand erreichten die Preise in den 1960er Jahren.[45] 1962 konnte man ein Paar Damenstrümpfe bereits für weniger als eine Mark erstehen.[46] Bei den Qualitätsherstellern sprach man abschätzig vom »Wegwerf-Strumpf«.

---

39 Salem, Verwendungsspektrum, 65; Meyer-Schneidewind/Sauerbier, Strümpfe, 47.
40 Reubel-Ciani, Der Katalog, 158.
41 Buck, »Gewirkte Wunder ...«, 22 u. 101
42 Buck, »Gewirkte Wunder ...«, 39 ff.
43 Buck, »Gewirkte Wunder ...«, 30 ff. u. 58 ff.
44 Vgl. Lasi, Wie Gerissenes.
45 Falke, Entwicklung, 135.
46 Falke-Archiv, 7/01/22, Wo Maschen liefen gibt's ein Loch.

Um die Mitte der 1950er Jahre nannten die deutschen Frauen im Durchschnitt sechs Paar Strümpfe ihr eigen. Bis 1960 stieg diese Zahl auf 17, bis 1965 auf 23.[47] Dies war mehr als in den USA. Eine analoge Entwicklung fand bei den Strumpfhosen statt. Anfang der 1960er Jahre kosteten sie noch an die 7 DM, Mitte der 1970er Jahre lagen die Durchschnittspreise bei 2,50 DM.

Anfangs belieferten die Strumpfhersteller ausschließlich den Textilfachhandel. Später schlossen die Vertriebswege Kaufhäuser und den Versandhandel mit ein. So vergrößerte sich das Geschäft der Schmallenberger Firma Falke mit den Karstadt-Warenhäusern allein von 1964 auf 1965 um zwei Drittel.[48] Im Niedrigpreissektor ging die Firma Schulte & Dieckhoff im westfälischen Horstmar eigene Wege.[49] Seit Ende der 1950er Jahre platzierte sie mit ihren Marken Nur Die und Rot-Weiß gefüllte Verkaufsaggregate im Lebensmitteleinzelhandel und in Drogeriemärkten. Damit erreichte sie vor allem jüngere Kundinnen.[50] 1965 wurden etwa 25 % aller Strümpfe im Lebensmitteleinzelhandel erworben.[51] Dies entsprach den Mengen in Textilgeschäften und übertraf leicht den Verkauf in Warenhäusern. Schulte & Dieckhoff eroberten damit – nach Mengen gerechnet – etwa die Hälfte des deutschen Feinstrumpfmarkts; nach Wert gerechnet, waren es immerhin etwa 25 %.

Die Konsequenz von Preiszerfall und steigenden Einkommen war, dass die Reparaturstellen vom Markt verschwanden. Die Laufmasche beendete jetzt das Leben eines Nylonstrumpfs oder einer Strumpfhose. Eine ordentliche Reparatur durch einen Fachbetrieb wäre teurer gekommen als ein Neukauf. Im besten Fall nahmen die Frauen selbst mit Hilfe farblosen Nagellacks eine provisorische Reparatur vor – um den Strumpf über den Tag oder den Abend zu bringen.

---

47 Entsprechende Zahlen finden sich in: Falke-Archiv, 7/01/22, Wo Maschen liefen gibt's ein Loch; Buck, »Gewirkte Wunder …«, 30; Meyer-Schneidewind/Sauerbier, Strümpfe, 47 u. 56; Nölting, Von Menschen, 224.
48 Falke-Archiv 01/01/11, Karstadt-Umsätze.
49 Falke, Entwicklung, 116 ff.
50 Falke-Archiv, 16/00/3, Marplan, Strumpf-Studie 1966.
51 Falke-Archiv, 16/00/1, Gesellschaft für Konsumforschung; 10/00/8, 19. 2. 1968, Feinstrumpfhosen.

Den Wünschen der Frauen entsprechend, wurden die Strümpfe immer feiner – und damit auch empfindlicher.[52] Zwischen 1950 und 1975 sank das Garngewicht auf ein Drittel des ursprünglichen Werts. 1962 erregte Schulte & Dieckhoff mit einem laufmaschensicheren Strumpf Aufsehen.[53] Das Unternehmen stützte sich dabei auf Patente des Erfinders Max Nebel. Die Strümpfe waren so gestrickt, dass sich Laufmaschen nicht ausbreiten konnten. An Stelle der Laufmasche besaß der Strumpf an der beschädigten Stelle dann allerdings ein Loch. In diesem Zusammenhang wurden in der Öffentlichkeit verschwörungstheoretische Erzählungen gehandelt.[54] So habe die Gefahr bestanden, dass die Erfindung »von kapitalkräftigen interessierten Wirtschaftsgruppen aufgekauft und geheim gehalten (würde), denn mit der Laufmasche hatten die Strumpfhersteller in aller Welt bislang die besten Geschäfte gemacht. Sie sicherte den Massenabsatz.« Ähnliche verschwörungstheoretische Geschichten gibt es auch heute noch.[55]

Andere Hersteller ließen sich nicht lumpen und zogen mit eigenen laufmaschensicheren Strümpfen nach.[56] Die Strümpfe kosteten zwischen 3,90 und 5,90 DM und waren damit ein gutes Stück teurer als die gewöhnlichen Nylons. Die Fachpresse sah darin eine »Abkehr von dem Trend zum »Wegwerfstrumpf»«.[57] Es wurden auch Bedenken geäußert, dass der maschensichere Strumpf das Geschäft schädigen werde. In der Folge kam es zu rechtlichen Auseinandersetzungen über die Schutzpatente. Die Presse berichtete in großer Aufmachung über den Patentstreit und die Innovation, welche die Sorgen der Frauen um ihre Strümpfe zu beseitigen schien.[58]

Allerdings relativierten einige Firmen bald ihre Werbebotschaften. In den USA führte die Kaufhauskette Macy's Tests mit den

---

52 Röper, Gibt es geplanten Verschleiß? 310–12.
53 Vgl. Lassotta, »Wieder schön sein«, 11.
54 Falke-Archiv, 7/01/22, Strumpf ohne Laufmaschen macht einen Flüchtling zum reichen Mann.
55 Vgl. Reuß/Dannoritzer, Kaufen, 63 f.
56 Falke-Archiv 7/01/22, Wo Maschen liefen gibt's ein Loch; Lassotta, »Wieder schön sein«, 11.
57 Falke-Archiv, 7/01/22, Textil-Wirtschaft v. 19. 4. 1962.
58 Falke-Archiv, 7/01/22, z. B. Artikel der Quick v. 18. 5. 1962.

neuen Strümpfen durch.[59] Danach vermied sie Formulierungen wie »absolut maschenfest«. Ergee wollte die Laufmaschenfestigkeit nur »bei normaler Beanspruchung und Pflege« garantieren.[60] Bei Falke entwickelte man mit Uhli-Secura auch einen entsprechenden Strumpf. Aber eigentlich traute man der Entwicklung nicht so recht:[61] »Nach den bisherigen Äußerungen der Experten scheint es festzustehen, daß ein absolut laufmaschensicherer Strumpf nicht gefertigt werden kann …«. Es gebe »keinen absolut laufmaschensicheren nahtlosen Strumpf. … Die neuen Trümpfe zeichnen sich vornehmlich durch ein erhöhtes Maß an Laufmaschensicherheit aus. … Wir sind davon überzeugt, daß Strümpfe, die jetzt hektisch nur im Hinblick auf die provozierte Nachfrage auf den Markt geworfen werden und die nur im Hinblick auf die Laufmaschensicherheit konstruiert werden, über kurz oder lang verschwinden werden, weil entscheidende Trageeigenschaften fehlen.«

Nach dem Abflauen der ersten Euphorie mehrten sich die kritischen Stimmen – nicht zuletzt von Seiten der Kundinnen.[62] Je laufmaschenfester die Strümpfe konstruiert wurden, desto weniger elastisch waren sie, saßen also schlechter und wirkten weniger elegant. Außerdem fühlten sie sich härter und rauer an. Die Kundinnen wünschten sich zwar weniger empfindliche Strümpfe, aber bei dem unauflösbaren Konflikt zwischen Haltbarkeit und Attraktivität, votierten sie eindeutig für Letzteres. Bei Umfragen maßen sie dem Sitz der Strümpfe einen sieben Mal höheren Wert bei als der Haltbarkeit.[63]

Eine 1964 durchgeführte Marktstudie bekräftigte diese Ergebnisse und verarbeitete sie zu einer kühnen und fragwürdigen psychologischen Interpretation:[64] »Man weiß. daß Damenstrümpfe

59   Falke-Archiv, 7/01/22, Textil-Woche Manufacturist v. 21. 7. 1962.

60   Falke-Archiv, 7/01/22, Textil-Mitteilungen v. 29. 5. 1962.

61   Falke-Archiv, 7/01/22, 12. 4. 1962 »Notizen zu »laufmaschenfest««; 25/02/2, Struso v. April 1962.

62   Falke-Archiv, 7/01/22, Wo Maschen liefen gibt's ein Loch; Textil-Wirtschaft v. 12. 4. 1962; vgl. Röper, Gibt es geplanten Verschleiß? 311

63   Röper, Gibt es geplanten Verschleiß? 312.

64   Falke-Archiv, 16/00/1, Befragung von Marplan, Forschungsgesellschaft für Markt und Verbrauch.

eine mangelhafte Haltbarkeit sozusagen als generisches Merkmal mitbringen – man findet sich damit ab. Nur eine sehr geringe Zahl von Frauen würde um der Haltbarkeit willen von der Forderung »hautzart« und »seidig-weich« abgehen. Man glaubt auch nicht, daß unter Erhaltung des gewünschten Erscheinungsbildes etwas gegen die Anfälligkeit von Feinstrümpfen getan werden könnte. Psychologisch gesehen bringt der innere Zusammenhang zwischen Damenstrumpf und weiblicher Schönheit sogar eine gewisse, wenn auch rational nicht zugegebene positive Einstellung mit sich: Schönheit und Zartheit bedeutet Vergänglichkeit – je schöner und zarter, desto vergänglicher. Daraus folgt, daß viele Frauen das Gefühl haben, daß ein haltbarerer Damenstrumpf eben nicht so schön sein kann.«

Jedenfalls blieb der »laufmaschensichere Strumpf« eine Episode. Seine Vorteile waren begrenzt, seine Nachteile offensichtlich. Die Frauen nahmen ihn nur in geringem Umfang an, und mehr und mehr Fabrikanten gaben die Produktion auf. Ende der 1960er Jahre stellte die Firma Ergee fest, »daß der laufmaschensichere Strumpf in Deutschland stark rückläufig ist und daß sich auch bei Strumpfhosen wegen der hohen Ansprüche, die an die Elastizität des Gewirkes gestellt werden müssen, diese Maschenbindung nicht durchsetzen wird.«[65] Schulte & Dieckhoff schrieb mit dem maschenlosen Strumpf Verluste. Dies trug zusammen mit einer verfehlten Hemdenproduktion dazu bei, dass der Besitzer vorübergehend die Mehrheit an dem Unternehmen an den Otto-Versand abgeben musste.

In den 1960er Jahren übernahm die Strumpfhose die Position des Damenstrumpfs.[66] Die Frauen empfanden die Strumpfhose – wie eine Marktuntersuchung formulierte – als Befreiung »von Strumpfhalter, Miedergürtel und vom Straps«.[67] Besonders in der Anfangszeit bildete jedoch auch hier die Laufmasche ein Thema. Strümpfe waren noch einzeln zu wechseln, Strumpfhosenbeine nicht; der Verlust wurde also doppelt empfunden. Dessen ungeachtet, sprach man gegen Ende des Jahrzehnts der Strumpfhose gute Aussichten

65 Falke-Archiv, 7/01/22, 21. 3. 1969 – Ergee an andere Strumpffabriken.
66 Falke, Entwicklung, 133.
67 Falke-Archiv 10/00/8, Aktennotiz v. 17. 3. 1969 u. Auszüge aus der Strumpf-
    hosen-Untersuchung.

zu. Die Kundinnen würden sich mit den Laufmaschen arrangieren. »Der Mut zum Wegwerfkonsum wird … mindestens proportional zur Einkommensentwicklung ansteigen.« Für die Hosenträgerinnen stellten die Laufmaschen kein so großes Problem dar. Und schließlich würden die Strumpfhosen durch die zusätzliche Verwendung elastischer Fäden haltbarer werden. Tatsächlich gaben die Prognosen die Entwicklung bis Mitte der 1970er Jahre richtig wieder. Danach gingen die Verkaufszahlen zurück. Dabei wirkten die verbesserte Haltbarkeit der Strumpfhose und die Hosenmode zusammen.

Die Geschichte des Nylonstrumpfs steht für eine allgemeine Tendenz bei der Kleidung: Die Zahl der Kleidungsstücke hat sich vermehrt, und verschlissene Kleidung wird weggeworfen. Angeblich ist Deutschland Weltmeister im Verbrauch von Textilien.[68] Frauen – die Zahlen beziehen sich auf das Jahr 2015 – besitzen im Schnitt 118 Kleidungsstücke, Männer 73 – Strümpfe und Unterwäsche sind nicht eingerechnet.[69] Jedes Jahr werden etwa 60 Kleidungsstücke neu angeschafft. 18 % davon werden nie getragen, weitere 20 % nur selten.

Die Gründe für das Aussondern von Kleidung sind vielfältig.[70] Die Kleidung wird als verschlissen angesehen, wobei die Maßstäbe hierfür sehr unterschiedlich sind. Sie gefällt nicht mehr, sei es dass sie sich psychisch abgenützt oder dass sich die Mode verändert hat. Oder die Besitzer wollen einfach Platz für Neukäufe schaffen. Schätzungen besagen, dass etwa die Hälfte der ausgesonderten Kleidung noch ohne weiteres tragbar wäre. So gibt eine Frau im Durchschnitt jährlich fünf Paar Schuhe weg. Es ist kaum anzunehmen, dass diese im Laufe eines Jahres tatsächlich abgetragen worden sind.

Kleidung hat sich demnach de facto zu einem Wegwerfprodukt entwickelt. Eigens zum Wegwerfen nach kurzzeitigem Tragen bestimmte Kleidung besetzt demgegenüber heutzutage nur eine kleine Nische.[71] In der zweiten Hälfte des 19. Jahrhunderts sah dies an-

---

68 Hütz-Adams, Kleider, 14 f.

69 Wegwerfware Kleidung; Wahnbaeck u. a., Usage, 18 f.

70 Hütz-Adams, Kleider, 16; Wegwerfware Kleidung; Wahnbaeck u. a., Usage, 9 u. 22.

71 Reuß/Dannoritzer, Kaufen, 37; Toffler, Zukunftsschock, 44; Strasser, Waste, 271; Slade, Made to Break, 13 f.; Schmidt-Bachem, Aus Papier, 615 ff.

ders aus. Seit der Jahrhundertmitte fertigten sowohl in den USA wie in Deutschland Fabriken Kleidungsstücke aus Papiergarn. Zu den Rennern gehörten Unterwäsche, Vorhemden, Hemdkragen und Manschetten. Die amerikanischen Familien sparten sich mit ihnen angeblich das Waschen. Die Papierkleidung konnte zwar auch gewaschen und gereinigt werden, hielt aber weit weniger Waschgänge aus als textile Stoffe. Mit der billigen Ware schonten die Ärmeren ihr Kleidungsbudget. Wohlhabendere nutzten sie auf Reisen. Insgesamt handelte es sich bei der Papierkleidung mehr um ein preiswertes Behelfsmaterial als um ein Wegwerfprodukt.

Eine Konjunktur erlebten Kleidungsstücke aus Papier während des amerikanischen Bürgerkriegs. In den Nordstaaten ersetzten sie die knapper werdende Baumwolle. In Deutschland fiel die größte Verbreitung in den Ersten Weltkrieg.[72] Allerdings gelang es weder, befriedigende Qualitäten herzustellen noch die angestrebten günstigen Preise zu erzielen. Papierkleidung ließ sich nicht ausbessern, und das Waschen gestaltete sich schwierig. Die Reichsbekleidungsstelle sah sich genötigt, eigene Waschvorschriften zu entwickeln und zu veröffentlichen.

An sich befand sich die Papierkleidung seit der Jahrhundertwende auf dem Rückzug. Eine relevante Verbreitung hatte sie im 20. Jahrhundert nur noch in ganz wenigen Anwendungsfeldern wie in Kliniken. Das Aufkommen der Kunststoffe verlieh dann Spekulationen über die Entwicklung von Wegwerfkleidung neuen Auftrieb. So träumte 1940 ein Wissenschaftsredakteur der New York Times von einer Zukunft, in welcher man verschmutzte Kleidung aus Synthetics einfach wegwerfe, weil dies billiger komme als Waschen und Bügeln.

In der Vergangenheit wurde Kleidung weitergegeben: innerhalb der Familie an die nächste Generation, von den Herrschaften an die Dienstboten, von den Wohlhabenden an die Armen. Fielen solche persönlichen Transferprozesse aus, dann stand der Altkleiderhandel als anonyme Vermittlungsinstanz zur Verfügung. In den Wohlstandsgesellschaften brach diese Verwertungsform weitgehend zusammen. Gebrauchtwaren werden grundsätzlich zurückhaltend

---

72 Papierzeitung 43 (1918), 144 u. 1114; Schmidt-Bachem, Aus Papier, 637 ff.

beurteilt. Bei Kleidung ist die Ablehnung besonders ausgeprägt.[73] Dabei werden sowohl hygienische wie modische Argumente ins Feld geführt. Nach einer Umfrage von 2015 hat mehr als die Hälfte der Deutschen noch niemals gebrauchte Kleidung gekauft; 83 % haben noch nie Kleidung getauscht.

Bei gebrauchter Kleidung handelt es sich also um einen Nischenmarkt. Gebrauchte Kleidung bietet Kleiderkreisel an, eine nicht auf Profit angelegte Internet-Plattform.[74] Die Initiatoren betonen stattdessen den Gemeinschaftsgedanken. Gemeint ist damit das Verschenken und Tauschen von Kleidung und eine persönliche Kommunikation der Mitglieder. Kleiderkreisel veranstaltet und unterstützt lokale Tauschpartys. Außerdem schmückt man sich mit dem Nachhaltigkeitsslogan:[75] »Mach mit und kämpfe stilvoll gegen Verschwendung«. Allerdings nützen die Teilnehmer die gebotenen Möglichkeiten der sozialen Kommunikation kaum. Bei den meisten Transaktionen handelt es sich – entgegen den Intentionen der Gründer – um Käufe, womit die Plattform kaum von dem kommerziellen Marktführer für Gebrauchtwaren Ebay zu unterscheiden ist.

Die von Privaten organisierten Tauschpartys lassen sich als Freizeitvergnügen, aber auch als Protest gegen die Verhältnisse auf dem internationalen Kleidungsmarkt interpretieren.[76] Die Stoßrichtung geht gegen von Ketten angebotene billige Fast Fashion. Diese wird unter miserablen Arbeitsbedingungen in asiatischen Ländern produziert. Die Kollektionen wechseln inzwischen sechs bis acht Mal im Jahr. Die gebrauchte Kleidung soll dem Bedürfnis nach modischem Wechselspiel auf sozial- und umweltverträgliche Weise gerecht werden. Der Kleidungstausch soll »als hybride Form zwischen Protest, Konsum und Party«[77] Spaß machen, aber auch ein politisches Zeichen setzen.

---

73 Klocke/Spellenberg, Aus Zweiter Hand, 131 f.; Wahnbaeck u. a., Usage, 28 u. 32.
74 Scholl u. a., Peer-to-Peer Sharing, 24 f. u. 39 ff.; Grewe, Teilen, 59–63 u. 102 ff.
75 Grewe, Teilen, 106.
76 Grewe, Teilen 120 ff.
77 Grewe, Teilen, 133.

Vor allem in den Großstädten existieren Geschäfte, die sich auf den Tausch oder den Erwerb von Altkleidern spezialisiert haben. Ein Problem dieser Angebote besteht darin, dass es schwer ist, die Preise von Neukleidung in Billigläden zu unterbieten. Die Motive der Kunden sind sehr unterschiedlich. Einige wollen schlicht die Kleidungsausgaben minimieren, andere schwärmen für Retro-Mode, wieder andere wollen sich ökologisch verhalten.

Der Markt für Gebrauchtkleidung ist also sehr klein. Der überwiegende Teil der ausgesonderten Kleidung landet im Müll oder in Kleidersammlungen.[78] Seit den 1960er Jahren führten karitative Organisationen vermehrt Kleidersammlungen durch. Später stiegen kommerzielle Unternehmungen in das Geschäft ein. Früher wurden die Kleider abgeholt oder an Sammelpunkten abgegeben. Heute werden sie in an den Straßen aufgestellte Sammelbehälter geworfen. Schätzungen für die Bundesrepublik belaufen sich hierbei auf 400 000 bis 600 000 t Kleidung im Jahr. Es ist offensichtlich, dass die Spender damit das schlechte Gewissen beim Wegschmeißen vermeiden. Die gesammelte Kleidung – auch die der karitativen Verbände – wird gewerblich verwertet. Aus 60 bis 70 % der Kleidung entstehen recycelte textile Rohstoffe oder einfache Produkte wie Putzlappen. 30 bis 40 % gelten als noch tragbar. Die besten Qualitäten, 5 bis 8 %, landen in deutschen Second-Hand-Läden, der Rest geht in den Export. Abnehmer der mittleren Qualitäten sind osteuropäische und arabische Länder, der schlechteren Qualitäten vor allem afrikanische Staaten.

Es ist umstritten, welche Auswirkungen der Altkleiderexport auf die Empfängerländer hat.[79] In manchen afrikanischen Ländern dominiert die importierte Altkleidung den Markt. Einerseits entstehen im Altkleiderhandel zahlreiche Arbeitsplätze. Andererseits kann die Altkleidung heimische Textilien verdrängen. Dabei ist allerdings zu berücksichtigen, dass mit Billigtextilien z. B. aus China ein weiteres konkurrierendes Angebot existiert.

---

78 Vgl. hierzu Hütz-Adams, Kleider, passim; Rathje/Murphy, Müll, 58; www.
   oeko-fair.de/Altkleider, Zugriff am 24. 10. 2018.
79 Vgl. Die Zeit v. 3. 1. 2019, 22; Quartey, Textiles.

Möbel als Konsumgüter

Über lange Zeit bildeten Möbel Anschaffungen fürs Leben. 1957 antwortete die weit überwiegende Mehrheit der befragten Bundesbürger, dass sie lieber teure Einrichtungsgegenstände hoher Qualität kaufe als etwas Billiges.[1] Möbel wurden nur ausgemustert, wenn sie ihre Funktion nicht mehr erfüllten und nicht mehr zu reparieren waren. Wenig später hatte sich diese Einstellung bereits relativiert. Heute betrachtet man Möbel dagegen als modische Artikel, die von Zeit zu Zeit zur Erneuerung anstehen. Dieser Wandel lässt sich z. B. an den Materialien und an der Farbe ablesen. Früher bestanden zahlreiche Möbel aus Massivholz oder Furnier in Naturfarben. Heute hat man die Wahl zwischen Oberflächen aus den unterschiedlichsten Materialien und in zahlreichen Farben. Besonders die Farben unterliegen dem modischen Geschmack. Ein weiteres Indiz für fundamentale Veränderungen sind die Garantiezeiten, die bis zur Gegenwart beträchtlich geschrumpft sind. So führte das Versandhaus Neckermann seit 1953 Möbel im Angebot und ließ keinen Zweifel daran, dass diese auf Haltbarkeit aus-

---

1   Heßler, Wegwerfen, 259 f.; Marschall, Aluminium, 31.

gelegt waren.[2] Auf eine Matratze gewährte man z. B. eine Garantie von zehn Jahren.

Mit Möbeln gingen die Besitzer schonend um. Der Neckermann-Katalog enthielt über lange Zeit Decken, mit denen man die Polstermöbel schützte oder zumindest die besonders beanspruchten Armlehnen.[3] Ein entsprechendes Angebot an Schonbezügen gab es auch für Autos.[4] Für den Fall, dass die Polster dennoch verschlissen waren, bot Neckermann auch ganze Bezüge an.[5] Es gab genügend Geschäfte, die Möbel bezogen oder erneut aufpolsterten.

Bei einem Umzug wurden die Möbel mit großer Sorgfalt transportiert und wieder aufgestellt. In späterer Zeit stellte sich die Frage, ob die einfacher gefertigten preiswerten Möbel den Umzug überleben würden. Möglicherweise lohnten sich die Umzugskosten nicht, und man richtete sich besser neu ein. Größere gesellschaftliche Mobilität bedeutete auch mehr Umzüge. Eine Schätzung von 1993 bezifferte die mittlere Lebensdauer von Möbeln auf 15 Jahre;[6] inzwischen dürfte sie weiter gesunken sein. Die bei eBay angebotenen neuen Sofas waren 5,8 Jahre alt.[7] Millionen Tonnen Altmöbel wanderten jedes Jahr in den Sperrmüll.

In der Nachkriegszeit entwickelte sich die wilde Ablagerung von Sperrmüll zum Problem.[8] Anfangs bestand der Sperrmüll vorwiegend aus Möbeln, in späterer Zeit kamen Elektrogroßgeräte hinzu. Als Reaktion erweiterten die Kommunen die Sperrmüllabfuhr. In manchen Städten war es üblich, den Sperrmüll an bestimmten Tagen an den Straßen zu deponieren, von wo ihn die Stadtreinigungsbetriebe abholten. Dies bot den weniger Begüterten die Möglichkeit, sich mit alten, aber noch gebrauchsfähigen Möbeln einzudecken. Heutzutage hat man die größten Schwierigkeiten, alte Möbel einer

---

2   Vgl. Neckermann, Erinnerungen, 228.
3   Neckermann-Katalog, 1968/69 Herbst/Winter, 396; 1974/75 Herbst/Winter, 440 f.; usw.
4   Neckermann-Katalog, 1968/69 Herbst/Winter, 395; 612 f.; usw.
5   Neckermann-Katalog, 1968/69 Herbst/Winter, 394; 1974/75 Herbst/Winter, 438 f.; vgl. Strasser, Waste, 65 f.
6   Grefermann, Recycling-Industrie, 186.
7   Clausen u. a., Gebrauchtwarenhandel, 63.
8   Vgl. Weber, Vom Hausrat.

vernünftigen Bestimmung zuzuführen und dankbare Abnehmer zu finden. Üblicherweise macht man mit Entsorgungsbetrieben einen Abholtermin aus, und die Möbel werden der Müllverbrennung zugeführt.

Früher musste die Anschaffung von Möbeln geplant und in das Haushaltsbudget eingestellt werden. Zur Erleichterung der Anschaffung bot Neckermann den Kunden nach dem Krieg an, die Möbel selbst zusammenzubauen. Das Konzept der Selbstbedienung und der beträchtliche Kosten sparenden Selbstmontage entwickelte das schwedische Möbelhaus Ikea zur Perfektion. Ikea fertigte in industrieller Massenproduktion Bauteile, die Montage war Aufgabe des zum »Produktionspartner« stilisierten Kunden. Möbel ließen sich auf diese Weise um etwa 30 % billiger anbieten. Die Strategie des schwedischen Möbelhauses zielte also auf eine Verbilligung des Produkts durch Verlagerung der nicht zu mechanisierenden Handarbeit in die Freizeit der Konsumenten. Das Konzept ging jedenfalls bei den anfänglichen Zielgruppen, junge Leute und Familien, auf.

Sein erstes großes Möbelhaus eröffnete Ikea 1965 am Rande Stockholms; 1974 entstand die erste Filiale in Deutschland.[9] 2011 besaß Ikea etwa 300 Geschäfte in 26 Ländern, in Deutschland 46. Der Konzern beschäftigte weltweit mehr als 130 000 Mitarbeiter, davon etwa 14 500 in der Bundesrepublik. Der Katalog erschien in einer Gesamtauflage von mehr als 200 Millionen Exemplaren in 31 Sprachen. Ikea bezeichnet ihn als »auflagenstärkstes Buch der Welt«.

Besonders in seiner Frühzeit warb Ikea vor allem mit seinen niedrigen Preisen.[10] Der in den 1970er Jahren verwandte Werbeslogan »Benutze es und wirf es weg« markierte die Ikea-Möbel als Übergangslösung für alle diejenigen, die sich noch keine vollwertige Wohnungseinrichtung leisten konnten.[11] In späterer Zeit legte Ikea zudem Wert darauf, dass seine Möbel qualitativ hochwertig waren. Das Wegwerfen wurde nur noch thematisiert, wenn es darum ging, Platz für neue Ikea-Möbel zu schaffen. So ersetzte ein Paar seine

---

9   Mazur, Die ›schwedische‹ Lösung, 13.
10   Vgl. zur Ikea-Werbung: Mazur, Die ›schwedische‹ Lösung.
11   Wikipedia, Art »Ikea«, Zugriff am 18. 2. 2019.

alte Einrichtung unter dem Schlagwort »Müll raus!«[12] Und in einem humorvollen Werbespot warfen die Stockholmer im Januar ihre Weihnachtsbäume aus dem Fenster, um sich im Ikea-Schlussverkauf einzudecken. Im August 2014 gewährte Ikea auf alle Waren ein unbegrenztes Rückgaberecht; zwei Jahre später zog sie es wieder zurück.[13] Eine der Begründungen lautete, man wolle verhindern, dass die Käufe zu früh auf dem Müll landeten.

Seit etwa 1990 gelangte die Verwertung von Altmöbeln auf die Tagesordnung der Möbelfabrikanten.[14] Eine Schwierigkeit lag dabei in deren heterogenen stofflichen Zusammensetzung. 2003 wurden gerade 5 % der Möbel wiederverwertet, z. B. indem sie zerfasert und in Spanplatten verarbeitet wurden. In jüngster Zeit gibt es unter anderem bei Ikea Überlegungen, gebrauchte Möbel zurückzunehmen, aufzubereiten und erneut zu verkaufen.

---

12 Mazur, Die ›schwedische‹ Lösung, 149 ff. u. 190 ff.
13 Wikipedia, Art »Ikea«, Zugriff am 18. 2. 2019.
14 Grefermann, Recycling-Industrie, 184 ff.

Pioniere und Perversitäten des Wegwerfens

Zahlreiche Produkte entwickelten sich mit der Zeit zu Wegwerf-produkten. Die Preise sanken, und Reparaturen lohnten sich nicht mehr. Einen Schritt weiter gingen Hersteller, die von vornherein Wegwerfprodukte konzipierten. Deren Preis war so niedrig, dass Reparaturen oder der Austausch von Teilen grundsätzlich ausgeschlossen waren. Einige entwickelten sich mit der Zeit zu idealen Werbegeschenken. Die meisten dieser Wegwerfprodukte dienten der Bequemlichkeit. Sie ersparten den Zeitaufwand und die diffizile Handhabung beim Gebrauch der Vorgänger.

Ein prominentes Beispiel für ein entsprechendes Wegwerf-produkt ist der Kugelschreiber, dem bald weitere Schreibgeräte folgten.[1] Das Wegwerfprodukt Kugelschreibermine erlöste den Schreiber vom Hantieren mit Feder und Füller, von blauen Fingern und Tintenklecksen. Der Kugelschreiber wurde Ende des 19. Jahrhunderts patentiert. Die ersten Geräte waren allerdings nur bedingt funktionstüchtig; sie wurden nicht zum Schreiben, sondern zum Markieren benutzt. Mit den Patenten des nach Argentinien

---

1 Vgl. Petroski, Pencil, 323; Meier, Kugelschreiber; Garenfeld/Geyer, The Ultimate Book.

emigrierten ungarischen Ingenieurs Lázsló József Biró gründete ein britischer Geschäftsmann 1944 eine Kugelschreiberfabrik. Zu den ersten Kunden der anfangs sündhaft teuren Schreiber[2] gehörte die britische Luftwaffe. Sie rüstete ihre Piloten mit Biró-Schreibern aus, weil diese auch in großen Höhen nicht ausliefen. Auf der anderen Seite des großen Teichs versorgte eine amerikanische Firma die Armeeangehörigen mit Kugelschreibern. Die GIs machten die Schreiber in anderen Ländern bekannt – auch in Deutschland.

Die allgemeine Verbreitung des Kugelschreibers fällt in die Nachkriegszeit. Die wichtigsten Verbesserungsinnovationen fanden in den USA statt. Bereits 1953 übertraf dort der Umsatz mit Kugelschreibern den mit Füllhaltern.[3] Aber auch in anderen Industrieländern entstanden zahlreiche Fabriken. In Deutschland entstammten sie zunächst vor allem der Uhrenindustrie, die Erfahrungen mit der notwendigen Präzisionsfertigung besaß. Im Laufe der 1950er Jahre stiegen auch Hersteller traditioneller Schreibgeräte in das Geschäft ein. Die Werbeanzeigen hoben die leichte Handhabbarkeit hervor.[4] Die Produktionszahlen gingen schnell in die Millionen, 1966 stellte man in Deutschland etwa 250 Millionen Schreiber her.[5] Die Preise wiesen je nach Ausstattung große Unterschiede auf. In Deutschland gab es um 1950 Schreiber, die zwischen 5 und 20 DM kosteten. Beim Versandhaus Quelle konnte man 1949 aber bereits welche für 1,75 DM erwerben.[6] Ende der 1950er Jahre ließen sich Kugelschreiber für eine Mark an Automaten ziehen.[7] In der Folgezeit setzte sich der Preiszerfall fort. Heute sind viele Menschen nicht mehr darauf angewiesen, Kugelschreiber käuflich zu erwerben. Die Schreibgeräte werden durch Institutionen verschenkt, bei Besprechungen, Tagungen und Kongressen liegen sie bereit, um Notizen aufzunehmen. Die eingeprägten Namen der Spender erinnern daran, wem die Gabe zu verdanken ist. Im Jahr 2006 soll – im statis-

---

2   Garenfeld/Geyer, The Ultimate Book, 149 f.; Bich, Le Baron Bich, 58 f.
3   Garenfeld/Geyer, The Ultimate Book, 163 f.
4   Meier, Kugelschreiber, 40 u. 46.
5   Meier, Kugelschreiber, 78.
6   Reubel-Ciani, Der Katalog, 156.
7   Meier, Kugelschreiber, 45 u. 52; Hornbostel/Jockel, Automatenwelten, 130 f.

tischen Durchschnitt – jeder Deutsche 13 Kugelschreiber besessen haben.

Zu den Pionieren des Kugelschreibers gehörte der französische Baron Marcel Bich.[8] Seine 1944 in Clichy gegründete Fabrik fertigte unter anderem Teile für Kugelschreiber. 1951 machte das Unternehmen einen entscheidenden weiteren Schritt in Richtung Wegwerfgesellschaft. Bei den damals gebräuchlichen Kugelschreibern reduzierte sich der Arbeitsaufwand auf das Auswechseln der Mine, sobald diese leer oder eingetrocknet war. Bich integrierte dagegen die Mine fest in den Schreiber, ein neuer Schreiber ersetzte den alten. 1965 wurde der Bic in französischen Schulen zugelassen.[9] Daraufhin startete das Unternehmen eine Werbekampagne, die gezielt Jugendliche ansprach. Die in mehreren Farben kostengünstig produzierten Wegwerfschreiber wurden innerhalb kurzer Zeit ein Welterfolg. BIC bezeichnet sich selbst als »weltweit größter Hersteller von Kugelschreibern«.[10] Das Unternehmen betreibt 24 Fabriken mit 15 000 Mitarbeitern in vielen Ländern. Heute wandern täglich 15 Millionen BIC-Schreiber in 160 Ländern über die Verkaufstresen. In manchen Ländern dient BIC als Gattungsname für Wegwerfschreiber. Der Umsatz beträgt mehr als 2 Milliarden Euro.

Mit Filzstiften weitete BIC sein Produktionsprogramm 1962 aus.[11] In den 1970er Jahren übertrug der »König der Wegwerfprodukte« sein Erfolgsrezept auf Feuerzeuge und Rasierer.[12] Hierfür erwarb er jeweils eine Firma und stellte sie auf Einwegprodukte um. Das Erfolgsrezept von BIC besteht darin, alltägliche Massenprodukte in hoher Qualität und zu konkurrenzlos günstigen Preisen herzustellen. Die Grenzen des Rezepts zeigten sich bei Artikeln, die zusätzlich Prestige transportieren. So scheiterte BIC mit einer Produktlinie von Parfüms.

Betonte BIC in seinen Werbeanzeigen zunächst den niedrigen Preis und die Bequemlichkeit seiner Produkte, so reagierte es min-

8   Vgl. Bich, Le Baron Bich.
9   Bich, Le Baron Bich, 105 ff.; Garenfeld/Geyer, The Ultimate Book, 240.
10   https://de.bicworld.com, Zugriff am 13. 11. 2018.
11   Bich, Le Baron Bich, 151.
12   Bich, Le Baron Bich, 151 f. u. 155 ff.; s. u. S. 102 f.

destens seit den 1990er Jahren auf das gestiegene Umweltbewusstsein.[13] 1993 brachte es Bleistifte auf dem Markt, die als recycelbar bezeichnet wurden.[14] Auf seiner aktuellen Homepage bekennt es sich zum Prinzip der Nachhaltigkeit und betont die Materialeffizienz und die Langlebigkeit seiner Artikel. Allerdings bleibt es bei BICs Recyclingprogramm unklar, wie groß der Anteil der Schreiber ist, den es erfasst. Der Begriff »Wegwerfprodukte« wird in den Werbebotschaften vermieden. An einer Stelle distanziert man sich sogar von der Bezeichnung »disposable« für die BIC-Produkte, die Rasierer mit austauschbarer Klinge erhalten das Prädikat »refillable«. Allerdings ist es schwer, das Image der Wegwerffirma loszuwerden. Dies zeigte sich 2008, als BIC ein preiswertes Handy mit einer reduzierten Zahl an Funktionen auf den Markt brachte. In der Presse wurde es flugs als »Wegwerf-Handy« tituliert.

Auch bei Schreibwaren anderer Firmen handelt es sich vielfach um Wegwerfprodukte. Ein Beispiel hierfür sind die in zahlreichen Farben produzierten Marker.[15] Die Filzschreiber kamen ursprünglich aus Japan. Seit den 1950er Jahren wurden sie auch in Deutschland hergestellt. In den letzten Jahren bemühen sich eine Reihe von Firmen um ökologische Alternativen. Hierzu gehören wieder befüllbare Marker, die Verwendung nachwachsender Rohstoffe und Anstrengungen zur Wiederverwertung der Kunststoffe. Allerdings liegen keine Zahlen hinsichtlich der Relevanz dieser Maßnahmen vor.

Der Neckermann-Katalog enthielt über lange Zeit Füllfederhalter, Kugelschreiber und Faserschreiber sowie Minen für einzelne Schreibgeräte nebeneinander.[16] Dabei wurde an verschiedenen Stellen auf die Nachfüllbarkeit hingewiesen. Dies galt auch für Feuerzeuge, für die eine Gasflasche zum Wiederauffüllen ange-

---

13 www.bicworld.com/en/about-us/our-heritage-your-passion; Zugriff am 20. 3. 2019. Ich danke BIC, dass das Unternehmen mir eine Sammlung an Werbespots zur Verfügung gestellt hat.

14 www.bicworld.com/en/about-us/our-heritage-your-passion; Zugriff am 20. 3. 2019.

15 Garenfeld/Geyer, The Ultimate Book, 172 ff.

16 Neckermann-Katalog, 1968/69 Herbst/Winter, 511, 628 u. 630; 1974/75 Herbst/Winter, 564, 608 u. 610; 1983 Frühjahr/Sommer, 485, 774 u. 777; 1990 Frühjahr/Sommer, 926 f.

boten wurde.[17] Allerdings scheinen diese Angebote mit der Zeit verschwunden zu sein.

Zu den Wegwerfprodukten von BIC gehören auch Feuerzeuge. Anfang des 20. Jahrhunderts kamen moderne Taschenfeuerzeuge auf den Markt. Es handelte sich um komplizierte Konstruktionen, die 40 bis 60 Metallteile besaßen. Manche hochpreisigen Feuerzeuge waren aus kostbaren Materialien bestehende Luxus- und Prestigeprodukte. Allerdings ließen sich in der Zeit nach dem Zweiten Weltkrieg Feuerzeuge auch wesentlich einfacher herstellen. Sie bestanden aus Kunststoff und konzentrierten sich auf den funktionalen Kern, den Brennstoffbehälter sowie einen Metallkopf mit Reibrad und Feuerstein. Entsprechende Wegwerffeuerzeuge wurden in den 1960er Jahren entwickelt. Das Unternehmen Swedish Match brüstet sich, 1961 mit den ersten »disposable lighters« auf den französischen Markt gegangen zu sein; das Wegwerffeuerzeug kostete damals 3,90 Franc.[18]

In den frühen 1970er Jahren stiegen Gillette und Bic in das Geschäft mit den Einweg-Feuerzeugen ein und lieferten sich bald einen heftigen Konkurrenzkampf.[19] Gillette erwarb das traditionsreiche französische Unternehmen Dupont, Bic einen amerikanischen Hersteller. 1972 verlangte Gillette für das billige Wegwerfprodukt noch 1,49 Dollar, bis 1983 reduzierte man den Preis auf 70 Cent. Bic gab seine Feuerzeuge noch etwas günstiger ab. In diesem Jahr lag der Marktanteil Bics bei 53 %, der von Gillette bei 16 %. Die Situation bei den Gewinnen war gänzlich unbefriedigend. Gillette sah ein, dass es gegen den französischen Spezialisten für Billigprodukte nicht bestehen konnte und verkaufte diesen Teil des Feuerzeuggeschäfts 1984 an Swedish Match. Auch bei Taschenfeuerzeugen reklamiert BIC die Weltmarktführerschaft.[20]

Auf dem deutschen Markt wurden 1965 gut 13 Millionen Feuerzeuge abgesetzt.[21] Bei einem Drittel davon handelte es sich um Wer-

---

17   Neckermann-Katalog, 1968/69 Herbst/Winter, 511; 1974/75 Herbst/Winter, 564.
18   www.cricketlighters.com, Zugriff am 9. 1. 2019.
19   McKibben, Cutting Edge, 101 ff.; Bich, Le Baron Bich, 151 ff.
20   www.youtube.com/user/bicbrand, Zugriff am 21. 3. 2019.
21   Bonsiepe, Analyse Taschenfeuerzeuge, 41.

begeschenke. 2018 sollen etwa 185 Millionen Feuerzeuge verkauft worden sein, die meisten davon Wegwerfprodukte; der Marktanteil von BIC wird auf an die 20 % geschätzt. In neuerer Zeit wird diese Position durch billige Importe vor allem aus China gefährdet, wobei die importierten Feuerzeuge häufig nicht den geltenden Sicherheitsvorschriften entsprechen.[22]

Werbeartikel besitzen eine Geschichte, die bis weit ins 19. Jahrhundert zurückreicht.[23] Eine Konjunktur erlebten sie aber erst in der Zeit nach dem Zweiten Weltkrieg. Anfang der 1990er Jahre betrug der Umsatz mit Werbeartikeln gut 5 Milliarden DM; an den Werbeausgaben der deutschen Wirtschaft besaßen sie einen Anteil von etwa 18 %.[24] Die Werbeartikel dürften einen nicht unerheblichen Beitrag zur Verbreitung von Wegwerfprodukten geleistet haben. An sich sollen sie der Stabilisierung der Kundenbeziehungen dienen.[25] Diese Zielsetzung ist noch am ehesten zu erreichen bei einer »dauerhafte(n) Verwendung des Artikels als Nutz- oder Dekorationsgegenstand«. Dies ist allerdings bei Geschenken an eine diffuse Zielgruppe schwierig. Es steht zu vermuten, dass nicht wenige Werbeartikel nach kurzer Zeit im Müll landen.

Eine zu Beginn der 1990er Jahre durchgeführte Studie zeitigte folgende Ergebnisse: Es dominierten zwei Gruppen von Artikeln[26], »Streuartikel« im Wert von bis zu 2,50 DM für eine große anonyme Kundengruppe und »persönliche Zuwendungen« im Wert von 25 bis 50 DM. An der Spitze der Werbeartikel stand »die Warengruppe der Schreibgeräte, gefolgt von Lederwaren, Getränken/Lebensmitteln, Büroutensilien und Kalendern« – und dies, obwohl die Studie vermerkte: »Eine kommunikative Alleinstellung kann durch den x-ten Kugelschreiber bei den meisten Kunden wohl kaum erreicht werden.«

---

22 https://de.bicworld.com, BIC-Pressemitteilung v. 18. 10. 2018, Zugriff am 13. 11. 2018.
23 Vgl. hierzu 50 Jahre Werbeartikel.
24 50 Jahre Werbeartikel 7 u. 84.
25 50 Jahre Werbeartikel 249 ff., das Zitat 251.
26 50 Jahre Werbeartikel 250 f.

Auch in dem 1996 erschienenen Jubiläumsheft der Branche füllen die Kugelschreiber die meisten Seiten.[27] Einige Hersteller betonen die Haltbarkeit ihrer Schreiber.[28] Sie besäßen Minen und seien keine »Einwegprodukte«. Auch Marker sind beliebte Werbegeschenke – nicht zuletzt wegen der relativ großen Werbefläche.[29] Ein Unternehmen weist auf die Nachfüllbarkeit seiner Produkte hin. Bei den meisten Werbe-Feuerzeugen dürfte es sich um Wegwerfprodukte handeln.[30] Allerdings produziert das holländische Unternehmen Pollyflame auch Benzinfeuerzeuge mit einer 30-jährigen Garantie.[31]

Im 1993 erschienenen »Lexikon der Werbeartikel« werden ebenfalls Umweltgesichtspunkte thematisiert. Es wird darauf hingewiesen, dass manche Kugel- und Faserschreiber sowie Feuerzeuge nachfüllbar sind.[32] Ein eigener Artikel ist »Umweltfreundlichen Schreibgeräten« gewidmet.[33] Diese Schreiber enthalten anstelle von Kunststoff Altpapier oder Holz. Als Werbeartikel sollen sie die Umweltorientierung des Unternehmens hervorheben. Baumwoll- und Jutetaschen sowie Einkaufsnetze werden statt Plastiktüten angepriesen.[34] Allerdings vermerkt das Lexikon auch:[35] »Zur Herstellung von Werbeartikeln werden Kunststoffe in großen (sic!) Umfang eingesetzt.«

Das Konzept »Wegwerfen« lässt sich auf zahlreiche andere Produkte übertragen. Hier einige exotische Beispiele: Seit Beginn der 1990er Jahre kamen Einwegkameras auf den Markt, die in Kaufhäusern nur wenige Mark oder Euro kosteten. 2008 propagierte eine Firma eine DVD, die sich nach dem Abspielen binnen 48 Stunden selbst zerstörte. Das Ziel des Angebots bestand darin, das Verleihgeschäft zu rationalisieren.

---

27   50 Jahre Werbeartikel 30 f., 40 ff., 57 ff., 68, 71, 72 ff., 86, 102 f., 106, 124, 132 ff., 152 f., 156, 159, 171, 178 ff., 212 f. u. 217 f.
28   50 Jahre Werbeartikel 57, 60 u. 77.
29   50 Jahre Werbeartikel 33, 41 ff., 123 u. 180 f.
30   50 Jahre Werbeartikel 48, 100 ff., 153 u. 214 ff.
31   50 Jahre Werbeartikel 218.
32   Lexikon der Werbeartikel 48, 50 u. 83.
33   Lexikon der Werbeartikel 168.
34   Lexikon der Werbeartikel 16 f., 41 u. 69.
35   Lexikon der Werbeartikel 201.

Strukturen des Wegwerfens

Beim Wegwerfen wirken Produzenten und Konsumenten zusammen. Mit Wegwerfprodukten kurbeln die Hersteller den Konsum und damit ihren Umsatz an. In manchen Fällen, wie dem der sich selbst zerstörenden DVD oder der Aussortierung von Retouren, vereinfacht der Handel seine Arbeitsabläufe. Bei den Konsumenten sind die Motive für die Benutzung von Wegwerfprodukten vielfältig. Nicht wenige Wegwerfprodukte, wie Toilettenpapier und Papierhandtücher, dienen der Hygiene. Kugelschreiber, Feuerzeuge, Rasierer, Pappbecher und Plastikgeschirr machen den Alltag bequemer. Produkte wie Smartphones werden weggeworfen, weil man an der Spitze der technischen Entwicklung bleiben will. Elektronische Geräte gehen kaputt und lassen sich nicht mehr reparieren. Kleidung entspricht nicht mehr dem modischen Geschmack. Manche Sachen empfindet man schlicht als überflüssig und sortiert sie aus. Bei anderen will man Platz für Neues schaffen.

Im Folgenden sollen zwei Kategorien des Wegwerfens genauer betrachtet werden: das Streben nach Komfort und Bequemlichkeit sowie die Haltbarkeit und der Verschleiß von Produkten.

Komfort und Bequemlichkeit

Eine generelle Tendenz des Konsums besteht darin, externe Dienstleistungen in die privaten Haushalte zu integrieren. Dies geschieht allerdings nur, wenn sie sich bequem und ohne allzu großen Zeitaufwand erledigen lassen. Hierzu gehört das Waschen und Kochen, für welche hochwertige Apparate, wie Waschmaschinen und Trockner sowie moderne Herde und Mikrowellen, entwickelt wurden. Und hierzu gehört die gesamte Unterhaltungstechnik aus Bild und Ton, für welche sich die Haushalte mit Fernseher, Computer, Musikanlagen usw. ausstatten.

Ein kleines Beispiel für die Internalisierung von Dienstleistungen mit Hilfe von Wegwerfprodukten stellt die Rasur dar. Rasieren gehörte zu den Angeboten der Friseure und Barbiere.[1] Das Hantieren mit einem Rasiermessers war nicht ganz einfach, und das Messer bedurfte einer besonderen Pflege. Es wurde vor der Rasur über Leder gezogen und mehrmals im Jahr nachgeschliffen.

Sich selbst zu rasieren ging nicht ohne kleine Verletzungen ab. Die Beseitigung der Schnittwunden bildete einen integralen Bestandteil der Selbstrasur. In ihrer populären Familien-Autobiographie »Im Dutzend billiger« thematisierten die beiden Verfasser, Kinder des bekannten Rationalisierungsexperten Frank Gilbreth, den Zeitaufwand und die Schwierigkeiten des Rasierens am Beispiel ihres Vaters: »Er benutzte sogar zum Einseifen des Gesichts zwei Rasierpinsel, weil er auf diese Weise die Rasierzeit um siebzehn Sekunden verkürzen konnte. Eine Zeitlang versuchte er, sich mit zwei Messern zu rasieren, aber das gab er bald auf.«

Die Internalisierung der Rasur wurde durch neuartige Rasierer erleichtert. Seit den 1870er Jahren kamen Rasierer auf den Markt, bei denen eine Sicherheitseinrichtung den Benutzer schützte.[2] Es handelte sich um Hochpreisprodukte, bei denen die Klingen regelmäßig nachgeschärft werden mussten. Im 20. Jahrhundert entstanden dann drei miteinander konkurrierende Typen: Systemra-

---

1   Vgl. Mai, Mit Haupt, 168–71; Gnegel, Bart ab.
2   Vgl. Goodrum/Dalrymple, Advertising, 113–17; Pope, Making, 55–57; McKibben, Cutting Edge, 5 f.; Dowling, Inventor, 32 ff.; Gnegel, Bart ab, 45.

sierer, bei denen die Klingen gewechselt wurden, Einwegrasierer, bei denen der gesamte Rasierer weggeworfen wurde, und elektrische Rasierer. Bei den Systemrasierern wird das Geschäft mit den Klingen gemacht, nicht mit den Apparaten.[3] Auf den Gedanken mit den Wegwerfklingen kam der Handelsvertreter King C. Gillette im Jahr 1895.[4] Angeblich forderte ihn sein Chef, ein Hersteller von Flaschenverschlüssen, darunter Kronkorken, ausdrücklich auf, etwas ebenfalls zum Wegwerfen Bestimmtes zu entwickeln. Gillette war damals mit mehreren Erfindungen zugange, ein Grund für die Länge der Innovationszeit. Es dauerte bis 1901, dass er eine Reihe von Investoren für die Gründung einer Rasierklingenfabrik gewann. Allerdings beherrschte man erst 1903 einigermaßen den schwierigen Herstellungsprozess für die Klingen. Es galt, einen preiswerten Stahl zu finden, die Klinge auszustanzen und beidseitig zu schärfen. Ein Rasierer und 20 Klingen kosteten anfangs 5 Dollar. 1908 übertrafen die Verkaufszahlen für die Klingen eine Million.[5] Bei Gillettes Nassrasierern handelte es sich noch um ein Hochpreisprodukt, das sich nur wenige leisten konnten.

Die Rasierklingenhersteller profitierten vom Ersten Weltkrieg.[6] Allein wegen der Gasmasken mussten sich die Soldaten regelmäßig rasieren. Die amerikanische Regierung rüstete die nach Europa geschickten Truppen 1918 mit 3,5 Millionen Rasierern und 32 Millionen Klingen aus.[7] In Deutschland mussten sich die Soldaten selbst um das Rasieren kümmern. Werbeanzeigen sprachen sie unmittelbar an. Nach Kriegsende behielten viele die Gewohnheit der Nassrasur bei. Der Rasierapparat mit Wechselklingen entwickelte sich in den 1920er Jahren zum Massenprodukt – mit jährlich Hunderten Millionen verkaufter Klingen. Damit einher ging bei Gillette eine drastische, im Vorgriff auf das Auslaufen der Patente 1921 vorgenommene Preisreduzierung auf einen Dollar. In der Folgezeit re-

---

3 Vgl. Verlagsgruppe Bauer, Marktforschung, Markt, 30.
4 Dowling, Inventor; McKibben, Cutting Edge; https://gillette.de, Zugriff am 5. 3. 2019.
5 Verkaufszahlen finden sich bei McKibben, Cutting Edge, 14, 19, 26 u. 43; Dowling, Inventor, 55.
6 Gnegel, Bart ab, 51f.
7 McKibben, Cutting Edge, 19.

duzierte eine Reihe von Konkurrenten mit ihren Angeboten den Marktanteil des Unternehmens empfindlich.

Gillette versprach den Kunden bis zum Auswechseln der Klingen 10 bis 50 Rasuren.[8] Es waren auch mehr möglich. Allerdings musste man dann die Rasierer auseinandernehmen und die leicht rostenden Klingen sorgfältig trocknen. Anfangs fiel es den Nutzern schwer, sich von den Klingen zu trennen. Das Wegwerfen musste erst noch zur Gewohnheit werden. Es gibt Zeugnisse, dass die ausgemusterten Klingen als Schneidwerkzeuge Verwendung fanden. Einige Firmen und Barbiere boten an, alte Klingen mit speziellen Apparaten nachzuschärfen. Eine Werbeanzeige von 1907 argumentierte:[9] »Sind die Klingen stumpf, so wirft man sie weg, denn neue Klingen kosten so wenig, daß es gar nicht der Mühe Wert ist, die alten Klingen schleifen zu lassen.« Tatsächlich entfiel das Nachschleifen der immer dünner werdenden Klingen in den 1930er Jahren weitgehend. Heutzutage werden sie üblicherweise nach etwa 10 Rasuren ausgewechselt.

Die Werbung vor und nach dem Weltkrieg betonte die Sicherheit, Bequemlichkeit und Geschwindigkeit des Rasierens. Die Selbstrasur wurde als Attribut von Männlichkeit stilisiert.[10] Eine typische Werbung aus dem Jahr 1910 lautete:[11] »The GILLETTE is typical of the American spirit that … insists on quick action and efficiency … The GILLETTE shave takes three minutes or less«. Anfangs wertete Gillette als Kontrast die Arbeit der Barbiere ab. Später suchte man die Barbiere als Geschäftspartner zu gewinnen, indem man ihnen günstige Konditionen für den Rasierklingenverkauf einräumte.

Die Förderung von Gillette durch die amerikanische Regierung und die Armee wiederholte sich im Zweiten Weltkrieg. Die amerikanischen Truppen erhielten über 100 Millionen Rasierapparate

---

8   Die Angaben zur Zahl der Rasuren differieren. Dies und das Folgende nach McKibben, Cutting Edge, 13, 18, 25 u. 40; Dowling, Inventor, 55, 58 u. 83 ff.; Gnegel, Bart ab, 46.

9   Gnegel, Bart ab, 46.

10   Dies auch noch in der Zeit nach dem Zweiten Weltkrieg (Verlagsgruppe Bauer, Marktforschung, Markt, 99).

11   McKibben, Cutting Edge, Bildteil.

und mehr als 1,5 Milliarden Klingen.[12] In der Nachkriegszeit gelang es Gillette, seinen Marktanteil zu erhöhen und erneut zum Marktführer aufzusteigen. Das Unternehmen weitete sein Sortiment auf zahlreiche Toilettenartikel für Männer und einige für Frauen aus. So bot es seit 1953 Sprühdosen mit Rasierschaum an.

Die Klingen wurden bereits kurz nach der Gründung von Gillette auch in andere Länder exportiert.[13] In der Zwischenkriegszeit errichtete das Unternehmen im Ausland Produktionsbetriebe. Gillette entwickelte sich früh zu einem globalen Konzern, der den größten Teil seines Umsatzes und Gewinns außerhalb der USA tätigte. In Deutschland war Gillette seit 1907 präsent. Auch hier bewarb das Unternehmen die Selbstrasur mit der Zeitersparnis. Eine noch in der Vorkriegszeit publizierte Werbeanzeige verkündete:[14] »Alarm bedeutet für die Soldaten die raffinierteste Ausnützung der verfügbaren Zeit.« Aber – so die Anzeige – es reichte jedenfalls noch für eine Gillette-Nassrasur. Und man wies darauf hin, dass bei den Gillette-Wechselklingen jegliches Abziehen und Nachschleifen entfiel.

Auf dem deutschen Markt tummelten sich vor dem Ersten Weltkrieg, zeitgleich mit Gillette, zahlreiche Rasierklingenhersteller.[15] Allerdings war der deutsche Markt wesentlich kleiner als der amerikanische. Zu den Herstellern gehörten die beiden Berliner Firmen von Hugo Büchner und Otto Roth. 1925 schlossen sie sich zu einem Gemeinschaftsunternehmen zusammen. 1926 erwarb Gillette Roth-Büchner, das dem amerikanischen Konzern auf dem europäischen Markt mit preiswerten Klingen Konkurrenz gemacht hatte. Unmittelbar nach der Machtergreifung führten die Nationalsozialisten Angriffe gegen das jetzt amerikanische Unternehmen. Diesen zum Trotz konnte sich Roth-Büchner bis zum Kriegseintritt der Vereinigten Staaten 1941 halten. 1937 errichtete man sogar ein neues

---

12   McKibben, Cutting Edge, 40, 47, 50, 52 u. 273 ff.

13   McKibben, Cutting Edge, 15 u. 21 f.

14   McKibben, Cutting Edge, Bildteil; Gnegel, Bart ab, 53. Vgl. auch als Beispiel für die Gillette-Werbung die Anzeige in Der Drogenhändler 27 (1927), 2254.

15   Dies und das Folgende nach McKibben, Cutting Edge, 24, 35 u. 41; Gnegel, Bart ab, 45 ff.

Werk in Berlin. In diesem Jahr fertigte das Unternehmen 40 % der 900 Millionen in Deutschland verkauften Klingen.

1947 erhielt Gillette das Berliner Werk zurück und nahm die Produktion wieder auf. 1973 verschwand der Name Roth-Büchner zugunsten von Gillette Deutschland. In dem einzigen deutschen Gillette-Werk arbeiten heute etwa 1200 Mitarbeiter. 2005 wurden dort 1,5 Milliarden Rasierklingen hergestellt. Nach dem amerikanischen Stammwerk in Boston handelt es sich um das zweitgrößte der zahlreichen Gillette-Werke. Der seit 2005 zu Procter & Gamble gehörende Konzern Gillette ist bei Nassrasierern mit etwa 65 % Weltmarktführer; in Deutschland bewegt sich der Marktanteil bei etwa 45 %; an zweiter Stelle folgt das Unternehmen Wilkinson Sword.[16] 2004 erwirtschafteten bei Gillette global etwa 29000 Mitarbeiter einen Umsatz von mehr als 10 Milliarden Dollar. Die mit hohem Werbeaufwand als Premiumprodukte vermarkteten Rasierklingen fahren enorme Gewinne ein.

Der Konkurrenzkampf mit dem größten Rivalen, der englischen Firma Wilkinson Sword, wurde und wird – vom Marketing abgesehen – über die Herstellungsverfahren, das Klingenmaterial sowie über die Zahl der in einem Objekt vereinigten Klingen geführt. So brachte Wilkinson 1962 erstmals Klingen aus rostfreiem Stahl auf den Markt.[17] Grundsätzlich ermöglichten diese Klingen mehr Rasuren. Bei Gillette zog man in Erwägung, dass dies die Gewinne mindern könne. Aber letztlich blieb dem Unternehmen nicht übrig als nachzuziehen. Seit Beginn der 1970er Jahre wurden die Klingen in Kunststoff eingegossen, was die Verletzungsgefahr reduzierte Um die gleiche Zeit entwickelte Gillette eine parallel angeordnete Zweiklingen-Konstruktion. Damit war die Zeit der beidseitig geschliffenen Klingen endgültig vorbei. In der Folgezeit vermehrten die Hersteller die Zahl ihrer Klingen auf bis zu fünf, wobei diese teilweise beweglich gelagert waren.

Die aufwändigere Klingenkonstruktion hing mit der Konkurrenz der Hersteller, aber auch mit der Innovation des elektrischen

---

16 Vgl. Verlagsgruppe Bauer, Marktforschung, Markt, 33 f.
17 McKibben, Cutting Edge, 56 ff.

Rasierapparats zusammen.[18] Die Ursprünge des elektrischen Rasierapparats liegen im späten 19. Jahrhundert. Eine millionenfache Verbreitung fanden Rasierapparate aber erst in den USA seit den späten 1930er Jahren, in der Bundesrepublik Deutschland in der Nachkriegszeit. Gillette selbst baute kurze Zeit, in den Jahren 1937/38, Elektrorasierer. Schließlich verfolgte man jedoch eine andere Strategie. 1967 erwarb Gillette das deutsche Familienunternehmen Braun, das sich mit einem überlegenen Scherblatt und dem funktionalen Design seiner elektrischen Haushaltsgeräte einen Namen gemacht hatte.[19] Die Akquisition vermittelte Sicherheit für den Fall, dass sich der elektrische Rasierer weitgehend durchsetzen werde. Dies geschah nicht, aber Gillette deckte jedenfalls mit Braun einen relevanten Teil des globalen Markts für Elektrorasierer ab. Die Gewinnmargen waren bei den Rasierern von Braun ähnlich groß wie bei den Rasierklingen des Mutterunternehmens, so dass mögliche Verluste des Einen durch Gewinne des Anderen ausgeglichen wurden.

Die Elektrorasierer arbeiten weniger gründlich als die Nassrasierer. In den Werbeanzeigen stellten die Hersteller dafür die Schnelligkeit und Bequemlichkeit des elektrischen Rasierens heraus. Mit einem elektrischen Rasierapparat könne man sich ohne großen Aufwand mehrfach am Tag rasieren. Die Rasiergewohnheiten sind kulturell sehr unterschiedlich. In den USA rasieren sich die meisten Männer nass,[20] in Deutschland trocken.[21] In den USA verbreitete sich der elektrische Rasierapparat schnell und erreichte bereits in den 1950er Jahren etwa ein Viertel der potentiellen Kunden. In der Folgezeit blieb es bei diesem Marktanteil. Um die gleiche Zeit erfasste der elektrische Rasierer in Deutschland gut 10 % der Männerwelt.[22] Bis 1970 ging deutlich mehr als die Hälfte der deutschen Männer zur Elektrorasur über.

---

18 Panati, Universalgeschichte, 211; Gnegel, Bart ab, 65 ff.
19 McKibben, Cutting Edge, 369 ff.; Verlagsgruppe Bauer, Marktforschung, Markt, 2.
20 McKibben, Cutting Edge, 374 u. 377.
21 Schnorbusch, Auf Messers Schneide, 13; McKibben, Cutting Edge, 377.
22 Zahlen bei Gnegel, Bart ab, 87.

Bei der Nassrasur konkurrierte seit den 1970er Jahren der Einweg- mit dem Systemrasierer. Bei dem Einwegrasierer wird der gesamte Apparat weggeworfen, bei dem Systemrasierer nur die Klinge. 1974 entwickelte das französische Unternehmen Bic zusammen mit einer griechischen Firma einen Einwegrasierer, dessen Griff aus billigem Plastik bestand.[23] 1977 ging man damit auf den amerikanischen Markt. Gillette kam Bic 1976 mit einem eigenen, allerdings mit zwei Klingen ausgestattetem Einwegrasierer zuvor. Das amerikanische Unternehmen versuchte mit aufwändigen Marketing Bic den Markt zu versperren und nahm auch Verluste in Kauf. Zwischen den beiden Unternehmen entwickelte sich ein heftiger Konkurrenzkampf. So strengte Gillette eine Patentverletzungsklage gegen Bic an, und die Kartellbehörde untersagte dem französischen Unternehmen die Übernahme einer amerikanischen Rasiererfirma.

Im Gillette-Konzern herrschten sehr unterschiedliche Meinungen über die Erfolgsaussichten der Einwegrasierer. Die meisten Manager waren überrascht, dass diese unter den Nassrasierern bis 1980 einen Weltmarktanteil von 27 % errangen. Sie sahen, dass die Erfolge des Einwegrasierers, an denen Gillette durchaus partizipierte, auf Kosten der Systemrasierer und damit der Gewinne des Unternehmens gingen. Daraufhin änderte Gillette seine Strategie. Es fuhr die Werbung für Einwegrasierer auf Null zurück und konzentrierte sich auf Systemrasierer. Der 1990 auf den Markt gebrachte »Sensor« hatte einen Griff, der hauptsächlich aus Stahl bestand. Damit distanzierte man sich von den billigen Plastikgriffen der Wegwerfware. Die Werbung sprach jetzt noch mehr als vorher die Männlichkeit an: »Gillette, the Best a Man Can Get!« Tatsächlich schnitten bei Tests Einwegrasierer schlechter ab als Systemrasierer. Gillettes neue Strategie zeitigte insofern Erfolge, als sich die hohen Gewinne der Systemrasierer stabilisierten. 1990 besaßen in den USA unter den Nassrasierern die Einwegrasierer einen Marktanteil von 56 % – nahezu die Hälfte davon deckte Bic ab –; 2018 betrug er 35 %.[24] In an-

---

23 McKibben, Cutting Edge, 96 ff., 103 f., 115 ff. u. 232 ff.; Bich, Le Baron Bich, 155 ff.

24 www.youtube.com/user/bicbrand, Zugriff am 21. 3. 2019.

deren Ländern lagen die Anteile niedriger, aber auch hier war Bic in hohem Maße präsent.

Der Lady Shaver, der Rasierer für Frauen, stand lange Zeit im Schatten der männlichen Modelle.[25] Gillette bot zwar bereits 1915 und dann wieder 1980 Rasierer für die weibliche Zielgruppe an, dabei handelte es sich aber um marginale Varianten der gängigen Männerware. In der Werbung wies man bereits in den frühesten Anzeigen auf die gesellschaftliche Norm von Haaren befreiter Achselhöhlen hin. Die Firmen vernachlässigten jedoch den weiblichen Markt, weil Untersuchungen zeigten, dass Frauen weniger in die Rasur investierten. Sie rasierten sich seltener als Männer und tendierten zu einfachen Wegwerfrasierern. Es dauerte bis 1992, dass Gillette mit großem Erfolg einen »Sensor« für Frauen konstruierte. Insbesondere besaß er einen viel breiteren Plastikgriff, mit dem man auch unter der Dusche gut hantieren konnte. Auch heute noch nutzen die Frauen Nassrasierer und Wegwerfrasierer in größerem Umfang als Männer. Diese Vorlieben spiegeln sich auch im Neckermann-Katalog wider. Um die Jahrtausendwende enthielt der Katalog für Männer nur noch elektrische Rasierapparate, für Frauen zusätzlich Einwegrasierer.[26]

Haltbarkeit und Verschleiß

Bei der Obsoleszenz, der Haltbarkeit und dem Verschleiß von Produkten, handelt es sich um ein komplexes soziotechnisches Phänomen. In Anlehnung an den amerikanischen Verbraucheranwalt Vance Packard[27] kann man unterscheiden zwischen

– funktionaler Obsoleszenz: Das alte Produkt arbeitet noch, aber es erfüllt die erwarteten Funktionen nicht mehr. So lassen sich auf einem alten Computer bestimmte Apps nicht mehr installieren.

– qualitativer Obsoleszenz: Das alte Produkt ist vorzeitig kaputt gegangen. An sich hat man mit einer längeren Lebensdauer gerechnet, die aber nicht erreicht worden ist.

---

25 McKibben, Cutting Edge, 16 u. 269 ff.
26 Neckermann-Katalog, 1999/2000 Herbst/Winter, 923.
27 Packard, Waste; vgl. Weber, Made to Break? 53 f.

– psychischer Obsoleszenz: Das Produkt ist noch in Ordnung, gilt aber als veraltet und überholt. Es entspricht in Form, Farbe oder Funktion nicht mehr den herrschenden Erwartungen.

Bei manchen Produkten wie Automobilen hat die Lebensdauer zugenommen.[28] Parallel hierzu haben die Hersteller die von ihnen gegebenen Garantien verlängert. Grundsätzlich wäre es möglich, die Haltbarkeit von Automobilen weiter auszudehnen. So stellte Porsche 1973 ein Langzeitauto vor, dessen Lebenszeit auf 20 Jahre berechnet war, das Doppelte des damals Üblichen. Allerdings entstehen dadurch natürlich höhere Kosten. Und die Autos veralten sowohl technisch wie vom Aussehen her. Die vorgesehene Lebensdauer ist also immer ein Kompromiss zwischen technischer Machbarkeit, Preis, technischem Entwicklungspotenzial und Kundengeschmack, um nur die wichtigsten Faktoren zu nennen.

Vielfach wird vermutet, dass die Lebens- bzw. Nutzungsdauer anderer Konsumgüter immer kürzer geworden ist. Letztlich wird dies mit einer allgemeinen Beschleunigung des gesellschaftlichen und individuellen Lebens begründet: mit einer zunehmenden Geschwindigkeit der technischen Entwicklung, mit sich ändernden sozialen Konstellationen und mit schnell wechselnden Reizen und Moden.

Ein besonders geeignetes Beispiel für diese Entwicklung stellen das Mobiltelefon und das Smartphone dar.[29] Die vorhandenen Geräte würden eine Nutzungsdauer von etwa 10 Jahren ermöglichen.[30] Die tatsächliche Nutzungsdauer bei Handys beträgt aber nur etwa 2 Jahre, bei Smartphones etwa 2,5 Jahre. Jüngere sortieren ihr Gerät früher aus als Ältere.[31] Zum Zeitpunkt der Aussonderung waren etwa 70 % der Handys und Smartphones noch funktionstüchtig.[32]

---

28 Röper, Gibt es geplanten Verschleiß? 102, 125 ff., 215 ff. u. 251.
29 Vgl. Primus, Qualität; Tröger u.a., Smartphones; Prakash, Einfluss (Zwischenbericht 2015); Prakash, Einfluss.
30 Weber, Made to Break? 50.
31 Prakash, Einfluss (Zwischenbericht 2015), 96 f.; Primus, Qualität, 45; Tröger u.a., Smartphones, 86 ff.
32 test 2013, Heft 9, 62; vgl. Primus, Qualität, 45 f.; www.taz.de/1/archiv/digitaz/ artikel/?ressort=hi&dig=2013/05…; Zugriff am 7. 12. 2015.

Die kurzen Nutzungszeiten hängen auch damit zusammen, dass die Provider ihren Kunden üblicherweise alle zwei Jahre ein neues Gerät anbieten. Auch kürzere Austauschzeiten lassen sich finden. So warb Vodafone mindestens seit 2014 mit dem Slogan »Jedes Jahr ein neues Smartphone«.[33] Es ist unklar, was mit den alten Geräten geschieht. Teile sollen wiederverwertet bzw. fachgerecht entsorgt werden. Die Recyclingquote ist allerdings niedrig. Eine größere Anzahl wird in andere Länder exportiert. Bei nicht wenigen Nutzern verschwindet das alte Smartphone in der Schublade. Angeblich hatten sich Ende 2011 in den deutschen Haushalten 83 Millionen Altgeräte angesammelt.[34] Das ausgesonderte Gerät wird als Ersatz deklariert, was das schlechte Gewissen beruhigt. Allerdings wird es kaum mehr hervorgeholt. Nicht wenige Nutzer bieten ihr Handy oder Smartphone über eBay an.[35] 2010 bildeten Handys die Spitze der Angebote. Allerdings stand die Verkaufsquote deutlich hinter den Angeboten zurück. Das Bewusstsein scheint also vorhanden zu sein, dass es sich um wertvolle funktionstüchtige Geräte handelt. Dies ändert jedoch nichts daran, dass sie ausgesondert werden.

Bei dem kleinen Teil der Smartphones, die kaputt gehen, liegt das vielfach an den Akkus, die durch die Intensität der Nutzung und die Vielzahl der Funktionen hoch belastet werden.[36] Reparaturen sind schwierig, weil bei zahlreichen Smartphones die Akkus nicht oder nur mit großem Aufwand ausgetauscht werden können. Generell sind Reparaturen von Smartphones – wie anderer elektrischer und elektronischer Geräte – teuer und werden häufig nicht fachgerecht ausgeführt. Die technisch-funktionalen Probleme ändern jedoch nichts daran, dass die psychische Obsoleszenz beim Aussondern und bei der Neuanschaffung von Smartphones dominiert. Dis bislang gründlichste Studie zum Thema gelangt zu dem Ergebnis:[37] »Ein erstes belastbares Ergebnis war, dass bei Mobiltelefonen Mode

---

33 www.vodafone.de; Zugriff am 9. 4. 2019.
34 Die Zeit v. 8. 5. 2013 – nach Bitkom; vgl. Tröger u. a., Smartphones, 97 ff.
35 Clausen u. a., Gebrauchtwarenhandel, 57 f.
36 Vgl. hierzu test 2013, Heft 9, 63; Stiftung Warentest 2015; Prakash, Einfluss, 28 u. 162 ff.
37 Prakash, Einfluss, 28.

und Konsumentenpräferenz eine weitaus größere Rolle spielen als etwa fest eingebaute Akkus.« Ähnliche Tendenzen wie bei den Smartphones lassen sich auch bei anderen Elektrogeräten feststellen.[38] Besonders in den Jahren um 1970 nahm die Verschrottung funktionstüchtiger Geräte in markanter Weise zu.

Bei den meisten Produkten schreibt der Gesetzgeber eine Mindestlebensdauer vor. In der Bundesrepublik liegt diese Gewährleistung bei zwei Jahren.[39] Geht das Produkt früher kaputt, liegt die Vermutung nahe, dass es von Anfang an mangelhaft gewesen ist. Im Zeitraum von sechs Monaten nach dem Verkauf muss der Hersteller gegebenenfalls nachweisen, dass dies nicht der Fall gewesen ist und der Schaden stattdessen durch unsachgemäßen Gebrauch entstanden ist. Im Zeitraum danach liegt die Beweispflicht, dass der Mangel von Anfang an vorhanden gewesen ist, beim Käufer. Dieser Nachweis dürfte in den meisten Fällen kaum möglich sein. Über die zwei Jahre hinaus kann der Hersteller auf das Produkt eine Garantie geben.

Forderungen gehen dahin, die Gewährleistungsfristen und Garantiezeiten zu verlängern bzw. für jedes Gerät ein Haltbarkeitsdatum anzugeben. Dahinter steht der Vorwurf, dass die Hersteller die Haltbarkeit so kalkulieren, dass gerade noch die Zeit der Gewährleistung bzw. Garantie abgedeckt wird.[40] Allerdings sind genaue Bestimmungen der zu erwartenden Haltbarkeit schwierig. Laborprüfungen oder Simulationen können nur begrenzt die heterogenen Bedingungen der praktischen Nutzung einbeziehen. Dies dürfte auch der Grund sein, dass die Stiftung Warentest die Lebensdauer erst spät in ihre Produkttests einbezog.[41] Ungeachtet dieser Schwierigkeiten ist es unter ökologischen Kriterien sinnvoll, eine Verlängerung der Haltbarkeit von Produkten anzustreben.

Ein probates Mittel für eine Verlängerung der Haltbarkeit ist das Reparieren.[42] Bei den meisten Produkten gehen nur einzelne Teile

---

38 Krebs u.a., Kulturen, 17f.
39 Brönneke, Verkürzte Lebensdauer, 189ff.; Poppe, Reparaturpolitik, 42ff.
40 S.u. S. 113ff.
41 Weber, Made to Break? 74.
42 Vgl. hierzu Reith, Reparieren; Reparieren – oder die Lebensdauer der Gebrauchsgüter. Themenheft Technikgeschichte 79 (2012), Heft 3; Poppe, Reparaturpolitik; Krebs u.a., Kulturen; Baier, Welt; Grewe, Teilen, 63–72.

oder Funktionen kaputt. Die Produkte lassen sich mit mehr oder minder großem Aufwand wieder funktionsfähig machen. Dies kann durch Überarbeitung oder durch Austausch einzelner Baugruppen bzw. Teile geschehen. Der seit der zweiten Hälfte des 19. Jahrhunderts entwickelte Austauschbau erleichterte also auch das Reparieren. Austauschbau hieß, dass die Teile, aus denen die Produkte zusammengesetzt wurden, gleich waren, also bei der Montage nicht angepasst werden mussten. Eine wichtige Frage beim Reparieren betrifft den Umfang des auszutauschenden Teils. Mit der Zeit dürften die Austauschteile immer umfassender geworden sein – eine unter ökologischen Gesichtspunkten problematische Entwicklung. Ein weiteres Problem besteht darin, dass heutige Herstellungsmethoden das Reparieren verteuern, erschweren oder gar verunmöglichen.[43] Hierzu zählt das Vergießen, Kleben und Nieten.

Der Umfang des Reparierens hängt mit dem Wohlstandsniveau zusammen. In Mangelgesellschaften wird mehr repariert als in Überflussgesellschaften. In den Wohlstandsgesellschaften des 20. Jahrhunderts ging das Reparieren teilweise dramatisch zurück. Kleine Konjunkturen erlebte es in wirtschaftlichen Krisenzeiten sowie in den beiden Weltkriegen. In Ländern der Dritten Welt besitzt das Reparieren dagegen auch heute noch eine viel größere Bedeutung. So werden insbesondere teure Produkte, wie Autos, geradezu endlos repariert.[44]

Der wichtigste Mechanismus für den Rückgang des Reparierens in den Konsum- und Wohlstandsländern stellt die Relation zwischen Material- und Herstellungskosten auf der einen Seite und den Arbeitskosten auf der anderen Seite dar. Die Material- und Herstellungskosten sind gesunken, die Arbeitskosten gestiegen. Dies bedeutet, dass Neuwaren – in Realpreisen ausgedrückt – immer günstiger geworden sind, Reparaturen immer teurer.

Unter rein wirtschaftlichen Gesichtspunkten lohnt sich bei vielen Produkten eine Reparatur nicht mehr. So richtete das Versandhaus Quelle 1967 einen eigenen Kundendienst mit attraktiven

---

43 Beispiele bei Heckl, Kultur, 66 ff.
44 Vgl. Edgerton, Shock, 83 ff.

Konditionen ein.[45] Waren, die weniger als 30 DM kosteten, wurden aber grundsätzlich von einer Reparatur ausgeschlossen; sie wurden ausgetauscht. Um 1970 gab es noch zahlreiche Betriebe, die Haushaltsgeräte reparierten und Gebrauchtgeräte anboten.[46] Von den damals ausgemusterten Kühlschränken wurden 70 % weiter verwertet und nur 30 % verschrottet. Mit der Zeit wurde weniger repariert und mehr verschrottet. Dies bedeutete, dass Ersatzteile nur noch begrenzt vorrätig gehalten wurden. Das Verhältnis zwischen Reparieren und Recyceln verschob sich zugunsten des Recyclings – genauer gesagt: des stofflichen Recyclings. Schadhafte Produkte wurden nicht mehr zu Reparaturteilen aufgearbeitet, sondern in ihre stofflichen Bestandteile zerlegt.

Der Rückgang des Reparierens ist bei Alltagsprodukten wie Kleidung und Schuhen augenscheinlich.[47] Aber auch andere Produkte, die einem dabei nicht in den Sinn kommen, wurden früher repariert. Dies gilt für die ersten Glühlampen, die als Glühkörper einen Kohlefaden besaßen.[48] Wenn dieser nicht mehr glühte, wurde er ausgetauscht. Dies gilt für das späte 19. Jahrhundert; entsprechende Reparaturangebote finden sich aber auch noch in der Zwischenkriegszeit.

Reparaturen können durch professionelle Handwerker ausgeführt werden, aber auch durch die Konsumenten selbst. Einen vorläufigen Höhepunkt erlebte die Selbstreparatur in Form der Do-it-yourself-Bewegung in der Zeit nach dem Zweiten Weltkrieg.[49] Dabei ging es nicht zuletzt darum, Kosten zu sparen. In der Folgezeit erhöhten sich zwar die privaten Einkommen, aber gleichermaßen auch die Handwerkerpreise. Das Do-it-yourself blieb also unter wirtschaftlichen Gesichtspunkten attraktiv. Es litt aber darunter, dass sich viele Produkte gar nicht mehr oder nur noch mit Spezialwerkzeugen und mit beträchtlichem Fachwissen reparieren ließen – man denke nur an Kraftfahrzeuge. Do-it-yourself floriert

---

45 Schöllgen, Gustav Schickedanz, 345 u. 380 f.
46 Weber, Zeitgeschichten, 129.
47 S. o. S. 70 ff.
48 Luxbacher, Die 1000-Stunden-Frage, 106 ff.
49 Voges, »Selbst ist der Mann«.

zwar immer noch, aber zu dem wirtschaftlichen Motiv sind andere dazugekommen: Reparieren und Basteln ist für manche ein Hobby, andere betrachten es als gegen die Überfluss- und Wegwerfgesellschaft gerichtete Handlung.

Das weltanschauliche Motiv besitzt bei den im letzten Jahrzehnt gegründeten Repair-Cafés eine zentrale Bedeutung.[50] Die Cafés sind nicht nur Orte des Reparierens, sondern sie sollen auch der Herausbildung einer Community dienen. Sie stellen einen Protest gegen eine als unzureichend empfundene Haltbarkeit der Produkte dar. In ihnen stehen Experten zur Verfügung, bei denen die Interessenten Rat suchen können. Einige der Cafés veröffentlichen im Netz Reparaturanleitungen und geben die Adressen von Reparaturbetrieben weiter. Besonders bei elektrischen und elektronischen Geräten stößt die Hilfestellung jedoch schnell an Grenzen. Die Experten – ganz überwiegend Männer, wenig Frauen – führen die Reparaturen weitgehend selbständig aus. Das erste Repair-Café entstand 2009 in Amsterdam, das erste deutsche 2012 in Köln[51]. Seitdem verbreiteten sich die Cafés, unterstützt von Stiftungen, in großer Geschwindigkeit. Im April 2017 soll es in Deutschland mehr als 500 gegeben haben.[52]

Früher war es nicht unüblich, bei einem Neukauf das alte Produkt in Zahlung zu geben. Dies war – um ein nicht unbedingt nahe liegendes Beispiel anzuführen – in den USA in den 1960er Jahren bei Barbie-Puppen der Fall.[53] Heute geschieht dies nur noch bei wenigen Gütern, am weitesten verbreitet dürfte es bei Kraftfahrzeugen sein. Je nach Alter und Zustand der Fahrzeuge werden sie verschrottet oder als Gebrauchtwagen weiter verkauft. Unter besonderen Umständen kann der Austausch Neu gegen Alt auch von den Herstellern oder von staatlicher Seite aus gefördert werden. So gewährte in der Bundesrepublik 2009 die Große Koalition auf Veranlassung

---

50 Heckl, Kultur, 11 f.; Waitz/Meyer-Soylu, ReparaturCafé; Kannengießer, Repair Cafés; Grewe, Reparaturcafés; Grewe, Teilen, 145 ff. u. 185 ff.; Baier, Welt, 208 f.

51 Grewe, Reparaturcafés, 105.

52 Kannengießer, Repair Cafés, 283.

53 Toffler, Zukunftsschock, 42.

der Automobilindustrie eine Abwrackprämie für ältere Wagen in Höhe von 2500 Euro.[54] Die Prämie, die sich auf insgesamt 5 Milliarden DM summierte, sollte den nach der Finanzkrise Not leidenden Autobauern wieder auf die Beine helfen. Außerdem führte man als Begründung an, dass mit den neuen Modellen die Schadstoffbelastung reduziert würde. Beide Ziele dürften verfehlt worden sein. Nach Beendigung der Aktion erlebte die Automobilindustrie einen Absatzeinbruch. Und die von den Konsumenten angeschafften Neufahrzeuge waren stärker motorisiert und schwerer. Die Altfahrzeuge wurden teilweise verschrottet, teilweise nach Osteuropa, Afrika oder in andere Länder exportiert.

2018 und 2019 steht man vor einer ähnlichen Situation. Die Autofabriken bieten als Reaktion auf den Dieselskandal den Besitzern Prämien an, wenn sie sich für den Kauf eines neuen – abgasärmeren – Diesels entscheiden. In ähnlicher Weise fordern Umweltorganisationen den Staat auf, den Austausch stromfressender durch stromsparende Haushaltsgeräte zu unterstützen. Unter ökologischen Gesichtspunkten sind beide Austauschaktionen kontraproduktiv. Bei der Herstellung neuer Produkte entstehen im Regelfall nämlich mehr Schadstoffe, als bei ihrer Verwendung eingespart werden. Es wäre also umweltfreundlicher, alte Dieselfahrzeuge bis an ihr technisches Lebensende zu benutzen als auf neue Fahrzeuge umzusteigen.

Vor allem an den Beispielen der Kleidung sowie des Smartphones haben wir gesehen, dass der psychische Verschleiß eine wichtige Rolle beim Austausch und Wegwerfen von Gütern spielt.[55] Dieser Sachverhalt wird üblicherweise mit dem Begriff der »Mode« verbunden. Konsum durch Mode findet statt, wenn der psychisch-soziale Verschleiß mit höherer Geschwindigkeit abläuft als der physische. Die ästhetisch-expressiven und sozial-kommunikativen Funktionen der Produkte überlagern deren technisch-physische Funktion.

---

54   Heckl, Kultur, 45; Wikipedia, »Umweltprämie«, Zugriff am 13. 11. 2018.
55   S. o. S. 66 ff. u. 104–06.

Damit stellt sich die Frage nach den Gründen für die Moden und deren Wandel. Bernard Mandeville dichtete hierzu bereits im frühen 18. Jahrhundert in seiner Bienenfabel:[56]

Die Eitelkeit selbst und der Neid
Warn Diener der Geschäftigkeit;
Ihr Hang zur Abwechslung indessen
Bei Kleidern, Mobiliar und Essen
War töricht, und doch trieb er wie
Ein Schwungrad an die Industrie.

Mandevilles Gedicht variiert die anthropologische Modetheorie. Die Mode – so deren Vertreter – wurzelt in der Natur des Menschen. Er ist von Natur aus neugierig und damit aufgeschlossen für Erweiterungen durch das Neue. Argumente zugunsten dieser Theorie verweisen auf modische Phänomene in der Frühzeit des Menschen, auf die Kopplung der Mode mit dem Sexualverhalten und auf im Spiel von Kindern zum Ausdruck gelangende modische Elementarhandlungen.

Man kann die Mode aber auch als Ergebnis und Ausdruck von Vergesellschaftungsprozessen interpretieren. Die Mode dient der Inklusion wie der Exklusion in Klassen, Schichten und Gruppen. Mit Mode demonstriert man seine Zugehörigkeit zu einer sozialen Einheit oder meldet zumindest den Anspruch an, dieser anzugehören. Und mit Mode sucht man andere aus sozialen Einheiten auszuschließen. Der modische Wandel stellt damit ein Element sozialer Dynamik dar.

Ein solches Modell ist viel offener und leistungsfähiger als eine Interpretation der Mode als Ausdruck kapitalistischer Gesellschaftsverhältnisse, wie sie vor allem in den 1970er Jahren Konjunktur hatte. Dieser Theorie zufolge handelte es sich bei der Mode um eine Bewusstseinsmanipulation mit dem Ziel der Ausbeutung der Menschen und der Gewinnmaximierung der Besitzer von Produktionsmitteln. Eine solche Ideologie lässt außer acht, dass die Mode auch im real existierenden Sozialismus zuhause war. Eine differenziertere

---

56 Zitiert nach Steiner, Überlegungen, 477.

sozioökonomische Modetheorie könnte Mode als Aushandlungsprozess zwischen Produzenten und Konsumenten beschreiben. In
diesem Prozess bringen beide ihre jeweiligen – natürlich wiederum
hoch differenzierten – Interessen zur Geltung, ohne dass eine Seite
eine Dominanz besitzt. Weder plakative Aussagen zur Wahlfreiheit
der Konsumenten noch Behauptungen eines Konsumterrors seitens
der Produzenten werden diesem Aushandlungsprozess gerecht.

In den USA erfasste die Mode in der Zwischenkriegszeit hochpreisige Konsumgüter.[57] General Motors jagte Ford mit Hilfe eines
häufigen Modellwechsels Marktanteile ab. Das Versandhaus Sears
übertrug das System sogar auf Kühlschränke. In der Bundesrepublik erfasste die Mode mit der Zeit auch Elektro- und elektronische
Geräte. Nach der Transistorisierung des Radios gelangten in den
späten 1950er Jahren preiswerte Taschengeräte auf den Markt.[58] Sie
kosteten gut 20 DM und wurden als modische Produkte vermarktet.
Allerdings waren sie auch nur auf wenige Jahre Haltbarkeit ausgelegt. Eine Verbraucherzeitschrift urteilte 1964, dass sie »zum Wegwerfen gebaut« seien. Die Zeitschrift gelangte zu ihrem harschen
Urteil, weil die Hersteller keinen Kundendienst und keine Ersatzteile anboten.

Mode ist heute ein Phänomen von gesellschaftlicher Totalität.
Alle möglichen gesellschaftlichen Erscheinungen unterliegen modischem Wechselspiel: im Kulturleben Literatur, Theater, Musik; in
der Wissenschaft Autoritäten, Begriffe, Theorien; im Alltag Woh-
nungseinrichtungen, Freizeitverhalten, Urlaubsziele. Der modische
Wandel in der Güter- und Warenwelt bezieht sich auf Form, Farbe
und Funktion. Wenn Neubauten von Wohnhäusern eine Zeitlang
vorwiegend Flachdächer erhielten, die Bauherren dann wieder zie-
gelgedeckte Satteldächer präferierten; wenn Küchenmaschinen eine
Zeitlang unbedingt die Farben Orange oder Braun besitzen mussten, ehe sie wieder zu Weiß oder Grau zurückkehrten; wenn elektrische Fruchtentsafter chromglänzenden Handpressen Platz machten – dann sehen wir darin in erster Linie das Walten der Mode. Es
sieht so aus, als hätten sich die Moden parallel zur Expansion der

---

57   Strasser, Waste, 189 f. u. 195.
58   Weber, Versprechen, 38 u. 1124; Weber, Made to Break? 56 f.

Konsumgesellschaft ausgeweitet und beschleunigt. Es kann vermutet werden, dass sie ebenso wie der Konsumismus Grenzen besitzen.

Die Debatten um das Wegwerfen sind von wechselseitigen Schuldzuweisungen geprägt. Den Konsumenten hält man vor, dass sie noch funktionsfähige Produkte wegwerfen. Der Industrie eine unzureichende Haltbarkeit der Produkte. Die Kritik an der Rolle der Industrie in der Wegwerfgesellschaft kulminiert in dem Begriff der »geplanten Obsoleszenz«. Dabei wird »Obsoleszenz« meist mit »Verschleiß« bzw. »Veralterung« übersetzt. Damit kann in deskriptiver Absicht gemeint sein, dass die Komponente, die Baugruppe oder das gesamte Produkt nicht mehr zur Verfügung stehen.[59] Die Kontroversen beziehen sich vor allem auf den Begriff des »geplanten«. Die meisten Kommentatoren gehen davon aus, dass die Hersteller ungefähre Vorstellungen besitzen, wie lange das Produkt halten soll und sich in ihren konstruktiven Entscheidungen daran orientieren. Allerdings ist es nicht möglich, bei der teilweise in die Tausende gehenden Anzahl von Produktteilen eine einheitliche Lebensdauer zu planen und zu garantieren. Andere unterstellen den Produzenten mit dem Begriff »geplanter Verschleiß« darüber hinaus, sie würden gezielt Schwachstellen, das heißt Teile mit eng begrenzter Haltbarkeit, in das Produkt einbauen, und damit die Konsumenten zu Neukäufen zwingen. Teilweise wird mit dem Begriff auch suggeriert, die Hersteller würden bewusst technische Verbesserungen zurückhalten, selbst wenn diese marktfähig seien. Damit gewinnt der Begriff der »geplanten Obsoleszenz« einen verschwörungstheoretischen Charakter.

In einem nicht unerheblichen Teil der meist populären Literatur wird weder zwischen qualitativer, funktionaler und psychischer Obsoleszenz unterschieden noch auf die verschiedenen Bedeutungsvarianten der »Planung« von Obsoleszenz eingegangen. Ein diffuser Begriff der »geplanten Obsoleszenz« scheint in den Vereinigten Staaten um die Mitte der 1920er Jahre aufgekommen zu sein.[60] Die

---

59 Vgl. VDI Richtlinie 2882 »Obsoleszenzmanagement aus Sicht von Nutzern und Betreibern«.

60 Vgl. Wolff, Charakterisierung, 2; Slade, Made to Break; Krajewski, Fehler-Planungen, 101 f.; Weber, Made to Break?

Autoren sahen darin vor allem ein Mittel, um die stagnierende Wirtschaft anzukurbeln. Es finden sich aber auch schon Stimmen, die eine ungenügende Haltbarkeit der Produkte beklagen.

Nach dem Krieg nahm die Diskussion um die geplante Obsoleszenz Fahrt auf.[61] Jetzt tauchten auch vermehrt Stimmen auf, welche von einer bewussten Verschleißplanung durch die Hersteller ausgingen. Die größte Resonanz erzielte Vance Packard mit seinem Bestseller »The Waste Makers« (1960), der sich darin um eine analytisch differenzierte Position bemühte.[62] Packards Epigonen brachten zahlreiche weitere Beispiele in die Debatte ein und fügten erweiterte Interpretationen des Phänomens hinzu.[63]

Auch in der Bundesrepublik kann man Vance Packard als Ausgangspunkt der Diskussionen betrachten.[64] Um die Mitte der 1970er Jahre wandten sich insbesondere Autoren aus den Wirtschaftswissenschaften dem geplanten Verschleiß zu. Die einflussreichste Arbeit publizierte der Aachener Volkswirtschaftler Burckhardt Röper 1976.[65] Röper sah seine Hauptaufgabe in der Beantwortung der ihm gestellten Frage, ob es geplanten Verschleiß gebe. Dabei unterschied er zwischen Lebensdauerplanungen in der Industrie und dem bewussten Einbau von Schwachstellen in die Produkte. Röpers Studie wertete die Literatur aus, arbeitete mit Interviews und enthielt eine Reihe von Fallstudien. Im Ergebnis bestritt er entschieden die verschwörungstheoretische Variante des geplanten Verschleißes, nämlich dass die Industrie bewusst die Lebensdauer der Produkte verkürze. Alle entsprechenden Hinweise hätten sich nicht bestätigen lassen. Unabhängig von diesen Ergebnissen stellte Röper Überlegungen an, wie die Lebensdauer von Produkten zu

---

61 Vgl. Strasser, Waste, 274–78; Weber, »Entschaffen«, 22; Weber, Made to Break? 61.

62 Packard, Waste; vgl. Reuß/Dannoritzer, Kaufen, 47 ff.; Zalles-Reiber, Produktveralterung, 10–14; Weber, Made to Break? 53 f.

63 Vgl. Wolff, Charakterisierung, 6; Toffler, Zukunftsschock, 53 ff.; Weber, Made to Break? 53.

64 Wolff, Charakterisierung, 8 ff.; Weber, Made to Break? 63.

65 Röper, Gibt es geplanten Verschleiß? vgl. Reuß/Dannoritzer, Kaufen, 93 f.; Wolff, Charakterisierung, 9; Krajewski, Fehler-Planungen, 103; Weber, Made to Break? 66 ff.

verlängern sei.[66] Dabei zog er eine verbindliche Angabe der durch-schnittlichen Lebensdauer in Erwägung, eine Ausdehnung der Pro-dukthaftung sowie eine Einbeziehung der Haltbarkeit bei der Stiftung Warentest.

Andere Autoren stellten Röper und seinen wirtschaftswissenschaftlichen Kollegen kapitalismus- und wachstumskritische sowie ökologische Thesen entgegen. In den 1970er Jahren wurden darüber hinaus praxisorientierte Projekte zur Langlebigkeit von Produkten gestartet, die aber weitgehend folgenlos blieben. In jüngerer Vergangenheit hat die Debatte um die »geplante Obsoleszenz« eine Konjunktur und Zuspitzung erfahren.[67] Kritische Autoren sprechen von »Medienspektakel« und »Kampfbegriff« und formulieren als Fazit:[68] »Die Debatte zur Obsoleszenz zeichnet sich zurzeit durch anekdotischen Reichtum und Faktenarmut aus.« Große Beachtung fand ein 2010 gezeigter Fernsehfilm »Kaufen für die Müllhalde«, aus dem 2013 ein gleichnamiges Buch hervorging. Die Verfasser bemühten sich um eine differenzierte Darstellung und wiesen sowohl den Herstellern wie den Verbrauchern Verantwortung für das Wegwerfen zu. Gleichzeitig transportieren sie aber alle Mythen der »geplanten Obsoleszenz«.

Von dem Film ließ sich der Betriebswirt Stefan Schridde zu einer gegen »Murks« gerichteten Initiative anregen.[69] Dabei sammelte Schridde systematisch Beispiele, die seines Erachtens »geplante Obsoleszenz« belegen: »Als geplante Obsoleszenz oder geplanten Verschleiß bezeichne ich Strategien und Vorgehensweisen der Hersteller und des Handels, um durch Verkürzung von Nutzungszyklen den Neukauf von Produkten zu beschleunigen.« Den Produzenten unterstellte er, dass sie »bewusst etwas kaputt« erfinden. Über solche Unterstellungen hinaus geht Schridde jedoch kaum systematisch auf das Thema ein. Im Zentrum stehen mehr

---

66 Röper, Gibt es geplanten Verschleiß? 329 f.
67 Vgl. Wolff, Charakterisierung; Krajewski, Fehler-Planungen; Brönneke/
    Wechsler, Obsoleszenz; Weber, Made to Break?
68 Woidasky, Frühzeitiger Ausfall, 117; Brönneke, Verkürzte Lebensdauer, 188 f.
69 Schridde, Murks? besonders 13 f., 18 u. 21; vgl. www.murks-nein-danke.de;
    Zugriff am 21. 12. 2015; Grewe, Teilen, 162 ff. Zur Kritik an Schridde: Tröger
    u. a., Smartphones; Prakash, Einfluss (Zwischenbericht 2015), 98.

oder weniger überzeugende Beispiele, mit denen er das Bewusstsein für Produktqualität unter besonderer Betonung der Haltbarkeit schärfen will.

Wesentlich polemischer als Schridde behandelt der Wirtschaftswissenschaftler Christian Kreiß das Thema in seinem Buch »Geplanter Verschleiß. Wie die Industrie uns zu immer mehr und immer schnellerem Konsum antreibt.« (2014).[70] Kreiß' Verständnis von geplantem Verschleiß entspricht dem Schriddes: »Unter ›Geplantem Verschleiß‹ oder ›Geplanter Obsoleszenz‹ wird die gezielte, durch die Hersteller nicht offengelegte Reduzierung der ökonomischen Haltbarkeit von Produkten verstanden mit dem Zweck, bei den Kunden *vorzeitige Ersatzkäufe* auszulösen.« Die Schuldigen sind bei Kreiß eindeutig die Produzenten, die er mit einer Flut von Injurien überschüttet: »Betrug«, »Verbrauchertäuschung und Kundenbetrug«, »Verbraucherübervorteilung« und anderes mehr. Der Industrie gehe es darum, »im Dienste der Gewinnmaximierung Verbraucher zu übervorteilen« und »dem Käufer so viel Geld aus der Tasche zu ziehen wie möglich«.

Kreiß' Empfehlungen zur Abhilfe beziehen sich einerseits konkret auf die Produkte: mehr Kennzeichnungen, »Verlängerung der Gewährleistungsfrist, Ersatzteil- und Reparaturregelungen«. Andererseits will er die Gesellschaft umgestalten. Er schlägt vor »Vermögen stärker zu belasten, eine Geldreform anzudenken sowie Werbung gesetzlich einzuschränken und zu verteuern« und fordert »konkrete Maßnahmen gegen käufliche Politik, käufliche Presse und einseitige Wissenschaft«. Abschließend lockt er mit einer Utopie: Die Vorteile, würde es gelingen, »geplanten Verschleiß und andere Arten von unnötiger Arbeit (zu) überwinden, sind enorm: Bei nur geringfügiger Einbuße von materiellem Wohlstand brauchten wir bestenfalls nur noch halb so viel zu arbeiten wie heute, die 20-Stunden-Woche wäre problemlos machbar. … Das lange versprochene Zeitalter des Überflusses, ›the age of leisure and abundance‹, wie Keynes es 1930 vorhersagte, könnten wir heute mit unserer weit fort-

---

70 Kreiß, Geplanter Verschleiß, besonders 11–13, 15, 56, 164ff. u. 199–201; vgl. die kritische Rezension in Blätter für Technikgeschichte 78/79 (2016/17), 200–03.

geschrittenen Technologie und den immens produktiven Maschinen sofort realisieren, wenn wir nur wollten.«

Der »geplante Verschleiß« geriet auch auf die Tagesordnung des Deutschen Bundestags. Im Juni 2013 reichte die Fraktion Bündnis 90/Die Grünen einen Antrag ein »Geplanten Verschleiß stoppen und die Langlebigkeit von Produkten sichern«.[71] Der Antrag enthielt zahlreiche ökologische Forderungen an die Bundesregierung. Mit den Stimmen der Regierungskoalition wurde er abgelehnt.

Daraufhin veröffentlichte die Fraktion Bündnis 90/Die Grünen im August 2014 ein Gutachten zur geplanten Obsoleszenz.[72] Zu den Hauptautoren zählten Stefan Schridde und Christian Kreiß, die auf diese Weise ihre Thesen in die Politik einspeisten. Das Gutachten übernahm die Verschwörungstheorien und die Schuldzuweisungen an die Industrie: »Unter der »geplanten Obsoleszenz« … versteht man die umfassende Marktstrategie von Produzenten, ihre Produkte auf dem Markt meist langlebiger Gebrauchsgüter durch geplante Management-Prozesse in ihrer Nutzungszeit zu verkürzen. … Durch eine ausgesprochen verwerfliche, ethisch anfechtbare und Ressourcen verschwendende Handlung sollen durch Lebenszeitverkürzung ein Mehrabsatz und dadurch höhere Gewinne erreicht werden«. Um die Verantwortung von den Konsumenten auf die Produzenten zu verlagern forderte man den Begriff »Wegwerfgesellschaft« aufzugeben und durch »Wegwerfproduktion« zu ersetzen.

In dem nicht sehr konsistenten Gutachten findet sich aber auch ein sachliches Plädoyer für eine Verlängerung der Haltbarkeit von Produkten und werden Vorschläge gemacht, wie sich dieses Ziel erreichen lässt. Man geht davon aus, »dass die Produzenten an einem Markt vorbei produzieren, der sich zukunftsbezogen an Kriterien der Nachhaltigkeit, Ressourcenschonung und Klimaschutz orientiert.« Und gibt sich der trügerischen Hoffnung hin: »Eine »Abfallwirtschaft« als solche würde dabei in einer Kreislaufwirtschaft obsolet.«

---

71 www.bundestag.de/dip21/btd/17/139/1713917; Zugriff am 21. 12. 2015.

72 Geplante Obsoleszenz, besonders 54, 66, 68 u. 73.

Um zusätzliche Differenzierungen bemüht sich ein 2014 veröffentlichtes »Diskussionspapier zur eingebauten Obsoleszenz bei Konsumgütern« der Verbraucherkommission Baden-Württemberg.[73] Dabei gehen die Verfasser ebenfalls davon aus, dass es bei Konsumgütern bewusst eingebaute Schwachstellen gebe. Darüber hinaus weisen sie aber auch mit dem Begriff der »fahrlässigen Obsoleszenz« darauf hin, dass in komplexen Produkten Kompatibilitätsprobleme auftauchen können. Und sie führen aus, dass bei preislich günstigen Produkten möglicherweise Abstriche bei der Haltbarkeit gemacht werden. Allerdings sollen die Hersteller in solchen Fällen über die Kurzlebigkeit des Produkts informieren. Generell verlangt die Kommission die Angabe einer Mindestlebensdauer.

Es fällt auf, dass in der verschwörungstheoretischen Literatur immer wieder auf die gleichen Beispiele zurückgegriffen wird, wobei diese teilweise ein Jahrhundert zurückliegen. Ein Klassiker ist die Brenndauer von Glühlampen.[74] Über die Festlegung von Preisen sowie der Brenndauer reduzierten die Hersteller Konkurrenz. Entsprechende Preiskartelle gab es bereits vor dem Ersten Weltkrieg, die Obsoleszenz-Literatur bezieht sich meist auf das 1924 gegründete weltweite Phoebus-Kartell. Dieses beinhaltete für Glühlampen Gebiets-, Preis-, Quoten- und Qualitätsabsprachen. Entgegen der verkürzten Darstellung in der Literatur sprachen die Mitglieder dabei zwar von einer Brenndauer von 1000 Stunden, legten aber tatsächlich einen Korridor von 800 bis 1500 Stunden fest. Der Korridor erwies sich als notwendig, weil man weder in der Lage war, eine bestimmte Brenndauer fertigungstechnisch exakt zu realisieren noch diese im Einzelnen zu prüfen. Die Prüfung erfolgte vielmehr mit Hilfe der damals üblichen statistischen Qualitätskontrolle und den sich daraus ergebenden Durchschnittswerten.

Das Glühlampenkartell unterband Konkurrenz und sicherte den Mitgliedsfirmen Marktanteile. Insofern realisierte es Gewinne auf Kosten der Kunden. Das Entscheidende bestand in der Ausschal-

---

73   Abgedruckt in Brönneke/Wechsler, Obsoleszenz, 309–26.
74   Vgl. hierzu Röper, Gibt es geplanten Verschleiß? 224 ff.; Luxbacher, Die 1000-Stunden-Frage; Krajewski, Fehler-Planungen; Weber, Made to Break? 54 f.

tung von Konkurrenz und nicht etwa in einer Übervorteilung der Kunden durch eine zu geringe Brenndauer. Es ist nicht ausgemacht, ob eine teurere Lampe mit längerer Brenndauer oder eine billigere mit kürzerer Brenndauer für die Kunden vorteilhafter gewesen wäre. Dass die Konkurrenzsituation entscheidend war, zeigte sich Ende der 1920er Jahre. Das Kartell sah sich gezwungen, kurzzeitig die Brenndauer und den Lampenpreis zu reduzieren, um die japanische Konkurrenz nicht hochkommen zu lassen. Die Festlegung auf eine durchschnittliche Brenndauer von 1000 Stunden wurde nach dem Krieg auch nach Beendigung des Kartells durch internationale Abkommen bis mindestens in die 1970er Jahre aufrecht erhalten. Spätestens um diese Zeit wäre unter technisch-wirtschaftlichen Gesichtspunkten eine Verlängerung sinnvoll gewesen.

Ein weiteres viel zitiertes Beispiel ist das von General Motors.[75] Der Automobilhersteller bot in den 1920er Jahren mehrere Modelle an, die kontinuierlich überarbeitet wurden, und nahm damit Henry Ford, der an seinem Einheitsmodell festhielt, Marktanteile ab. General Motors reagierte damit auf die Marktnachfrage und den unterschiedlichen Kundengeschmack. Man mag den Einzug von Geschmack und Mode in die Automobilindustrie als gesellschaftliche Fehlentwicklung interpretieren. Es bleibt aber unerfindlich, was dies mit geplantem Verschleiß im verschwörungstheoretischen Sinne zu tun haben soll.

Ein neueres Beispiel in der verschwörungstheoretischen Literatur sind Tintenstrahldrucker.[76] Diese stellen, aufgrund der Programmierung durch das Herstellerwerk, nach einer bestimmten Zahl gedruckter Seiten ihre Arbeit ein. Die Anhänger der geplanten Obsoleszenz sehen darin einen Beleg für ihre These der eingebauten Schwachstelle. Tatsächlich ist die Kapazität des Schwämmchens, das überschüssige Tinte aufnimmt, begrenzt. Es muss gereinigt bzw. ausgetauscht werden. Es sei allerdings dahingestellt, ob dies in angemessener Weise kommuniziert wird.

---

75 Vgl. hierzu Hounshell, From the American System, 263–301; Reuß/Dannoritzer, Kaufen, 29 ff.; Weber, Made to Break? 55 f.

76 Vgl. hierzu Reuß/Dannoritzer, Kaufen, 8 ff., 52 ff. u. 210; Prakash, Einfluss, 32 f.

Man kann mit guten Gründen die Auffassung vertreten, dass zahlreiche Produkte eine unzureichende Lebensdauer besitzen. Dies heißt aber nicht, dass die Lebensdauer der Produkte systematisch verkürzt wird. Und es heißt nicht, dass die Hersteller gezielt Schwachstellen einbauen, damit die Produkte frühzeitig kaputt gehen. Eine Reihe seriöser Untersuchungen hat sich mit den damit aufgeworfenen Fragen systematisch und empirisch befasst. So gelangte die OECD bereits 1982 zu dem Ergebnis, dass eine durch die Industrie vorgenommene gezielte Verkürzung der Lebensdauer nicht nachzuweisen ist.[77] Allerdings ließ sich auch das Gegenteil nicht feststellen, Innovationen, die der Verlängerung der Lebensdauer dienen.

Die Stiftung Warentest kam 2013 zu ganz ähnlichen Ergebnissen.[78] »Eine Auswertung von Dauertests der letzten zehn Jahre zeigt, dass insbesondere Haushaltsgeräte heute nicht schneller und nicht häufiger kaputtgehen als früher.«[79] Im Allgemeinen stellte die Stiftung einen Zusammenhang zwischen Preis und Haltbarkeit fest. Billige Geräte gaben früher ihren Geist auf, teure Geräte hielten länger. Dessen ungeachtet wies die Stiftung auf zahlreiche Schwächen der getesteten Produkte hin. Sie ließen sich nicht oder nur mit Spezialwerkzeugen reparieren, oder der Reparaturaufwand war unangemessen hoch. Teilweise standen auch bei neueren Geräten keine Ersatzteile zur Verfügung.

Schließlich identifizierte die Stiftung bei einer Reihe von Geräten durchaus konstruktive Schwächen. »Was indes fehlt, ist der Nachweis, dass Hersteller den Murks gezielt zusammenbauen, um Verbraucher übers Ohr zu hauen. Auch die Testergebnisse der Stiftung Warentest liefern dafür bisher keine Hinweise.«[80] Die Stiftung ging davon aus, dass die Produzenten durchaus Überlegungen zur Haltbarkeit ihrer Produkte anstellten. »Sie entwickeln ein Nutzungsszenario für ein bestimmtes Kundenspektrum und entwickeln daraus

---

77   Krajewski, Fehler-Planungen, 103 f.; Weber, Made to Break? 64.
78   test 2013, Heft 9; Primus, Qualität. Vgl. die Kritik an den Aussagen der Stiftung Warentest: Kreiß, Geplanter Verschleiß, 81 ff.
79   Primus, Qualität; 40.
80   test 2013, Heft 9, 59.

eine Gebrauchsdauer. Die Geräte werden dabei so gut wie nötig und nicht so gut wie möglich gebaut.«[81] Schließlich wies die Stiftung darauf hin, dass die These eingebauter Schwachstellen rational nicht nachvollziehbar ist:[82]»Der Idealfall wäre, dass alle Teile nach Erreichen der geplanten Gebrauchsdauer gleichzeitig ausfallen. Die Strategie gezielt eingebauter Schwachstellen macht vor diesem Hintergrund wenig Sinn und wäre Verschwendung, weil viele andere Teile im Gerät dann überdimensioniert und zu teuer produziert sind.« Der Einbau einzelner Schwachstellen würde also bei den Herstellern zu Verlusten und nicht zu Gewinnen führen.

Die gründlichste Studie zur Obsoleszenz führte das Freiburger Öko-Institut in den letzten Jahren im Auftrag des Umweltbundesamts durch.[83] Dabei ging man von einem weiten Obsoleszenz-Begriff aus:[84] »Der Begriff Obsoleszenz bezeichnet die Alterung (natürlich oder künstlich) eines Produktes. Damit ist gemeint, dass ein Produkt nicht mehr geeignet ist, ein Bedürfnis zu befriedigen.« »In der Wissenschaft wird davon ausgegangen, dass die Produktlebensdauer in der Regel eine planbare Größe ist, an der sich die Produktentwickler orientieren. Die Auslegung der Produktlebensdauer wird von vielen Faktoren beeinflusst, wie zum Beispiel Belastung, Abnutzungsvorrat; Wartung, technologischer Wandel bei Produkten, Mode, Wertewandel und weiteren äußeren Umwelteinflüssen. Idealerweise wird angestrebt, dass die technische Produktlebensdauer der Produktnutzungsdauer gleich ist.«[85]

Die Studie erhebt deutliche Kritik an der verschwörungstheoretischen Literatur.[86] In dieser würden die Hersteller zu Tätern und die Verbraucher zu Opfern stilisiert. Die eigenen Untersuchungen hätten jedoch gezeigt: »Hersteller und Verbraucher interagieren miteinander in einer sich stetig wandelnden Umgebung und beeinflussen gegenseitig die Produktentwicklung und Konsummuster.«

---

81 Primus, Qualität, 42.
82 Primus, Qualität, 43; test 2013, Heft 9, 60.
83 Prakash, Einfluss (Zwischenbericht 2015); Prakash, Einfluss, 2016.
84 Prakash, Einfluss, 64; Prakash, Einfluss (Zwischenbericht 2015), 31.
85 Prakash, Einfluss (Zwischenbericht 2015), 14 f.; vgl. Prakash, Einfluss, 31.
86 Prakash, Einfluss (Zwischenbericht 2015), 98; Prakash, Einfluss, 22 u. 31 f. (das Zitat 32).

Der vielfach behauptete Einbau von Schwachstellen könne nicht bestätigt werden. Im Einzelnen erläutert die Studie dies an den drei Beispielen Aluminium-Elektrolytkondensator, Kunststofflaugenbehälter in Waschmaschinen und Schwämmchenreservoir bei Tintenstrahldruckern.

Der Schwerpunkt der Studie des Öko-Instituts lag bei Elektro- und Elektronikgeräten. Bei den untersuchten Geräten ging die durchschnittliche Erst-Nutzungsdauer zwischen 2004 und 2012/13 unwesentlich von 14,1 auf 13 Jahre zurück. Besonders kurz war die Nutzungsdauer bei Geräten, die gerade einen technischen Entwicklungsschub erlebten, am kürzesten mit 5,9 Jahren bei Flachbildschirmfernsehern. Diese wurden ersetzt, obwohl mehr als 60 % der Geräte noch funktionierten. Die Konsumenten wollten einen größeren Schirm und ein besseres Bild haben. Mehr als die Hälfte der Gesamtheit der untersuchten Elektro- und Elektronikgeräte wurde ausgetauscht, weil sie defekt waren. Ein Drittel war zum Zeitpunkt des Austauschs noch voll funktionsfähig. Bei Waschmaschinen, Fernsehgeräten und Notebooks verglich das Öko-Institut preislich günstige kurzlebige mit teureren langlebigen Produkten. Es ist wenig verwunderlich, dass die langlebigen unter Umweltgesichtspunkten günstiger abschnitten. Bei den jeweiligen Kosten für die Besitzer fielen die Ergebnisse nicht so eindeutig aus.

Die vom Öko-Institut vorgeschlagenen Strategien gegen Obsoleszenz zielten auf die Festlegung von Mindestlebensdauern sowie eine Verlängerung der Lebens- und der Nutzungsdauer. Dies sei in Standards und Normen festzuschreiben. Im Einzelnen sollten die Hersteller Lebensdauertests durchführen und ihre Verbraucherinformationen verbessern. Das Umweltbundesamt verarbeitete die Studie zu einer Reihe von Empfehlungen.[87] Darin forderte man die Konsumenten auf: »Nutzen Sie ihre Produkte so lange wie möglich.«

---

87 Umweltbundesamt: Produkte länger nutzen. Tipps zu Verbraucherrechten, Reparatur und Neukauf. Dessau-Roßlau 2018.

Alternativen

Das Wegwerfen und die Wegwerfprodukte sind in den allermeisten Fällen nicht unabdingbar. Zu nahezu allen Wegwerfprodukten gibt es Alternativen, wie die waschbare Windel anstelle der Wegwerfwindel oder die elektrische Rasur anstelle der Nassrasur mit ihren Wegwerfklingen oder der verpackungslose Einkauf auf dem Wochenmarkt anstelle von im Supermarkt in Folien gehülltem Obst und Gemüse. Allerdings machen nicht wenige dieser Alternativen mehr Arbeit und sind mit Komforteinbußen verbunden. Und nicht in allen Fällen nutzt die Abkehr von einem Wegwerfprodukt auch der Umwelt.

Andere Strategien beseitigen zwar nicht das Wegwerfen, aber sie schieben es hinaus. Hierzu gehört eine Verlängerung der Nutzungsdauer. Kleidung, Möbel und Smartphones lassen sich in aller Regel länger nutzen, als dies heute üblich ist. Vor allem bei langlebigen technischen Konsumgütern wäre es zu wünschen, dass sie länger hielten und sich leichter reparieren oder aufarbeiten und aufrüsten ließen. So wurden früher gebrauchte Reifen aufgearbeitet und wieder der Verwertung zugeführt. Eine Aufrüstung ist z.B. bei Computern möglich und üblich, indem kontinuierlich die Software erneuert wird. Was die Haltbarkeit und die Reparatur anbelangt, so liegen

Vorschläge auf dem Tisch, welche insbesondere die Industrie stärker in die Pflicht nehmen. Es ist kaum zu erwarten, dass aus den zur Zeit florierenden Repair-Cafés eine Massenbewegung wird. Sie besitzen eher eine symbolische Funktion, indem sie das Potential von Lebensdauerverlängerungen aufzeigen. Wichtiger wäre, die existierenden Reste des professionellen Reparaturgewerbes der Schneider und Schuhmacher, aber auch der industriellen Kundendienste zu erhalten und zu fördern.

Ungeachtet aller solcher Maßnahmen: Alle Produkte geraten einmal – früher oder später – an ihr Lebensende. Dann sollten sie einer stofflichen – und wenn dies keinesfalls möglich ist – einer energetischen Verwertung zugeführt werden. Die stoffliche Verwertung, das Recycling, und die energetische sollten nur vorgenommen werden, wenn Nutzungsverlängerungen und andere Nutzungsformen ausgeschöpft sind. Damit Recycling möglich und erleichtert wird, wären die Materialvielfalt und die Materialkennzeichnung kritisch zu überprüfen. Am Ende aller dieser Maßnahmen stünde zwar keine vollkommene Kreislaufwirtschaft – diese ist schlicht nicht möglich –, aber eine Wirtschaft, welche mit den vorhandenen Ressourcen so schonend wie irgend möglich umgeht.

Im Folgenden sollen drei weitere Strategien gegen die Auswüchse der Konsum- und Wegwerfgesellschaft untersucht werden, die in der Literatur als Abhilfe vorgeschlagen werden: (1) Suffizienz, eine größere Enthaltsamkeit beim Konsum; (2) Second Hand, die vermehrte Nutzung von Gebrauchtwaren; (3) Sharing, eine Teilhabe an Gütern und ihrer Nutzung.

Effizienz und Suffizienz

In der Vergangenheit bestand die Auffassung, dass der technische Fortschritt allein die Probleme der Konsum- und Wohlstandsgesellschaften lösen könne. Durch neue umweltfreundliche Produkte und insbesondere mit Hilfe umweltfreundlicher Verfahren sollten Schädigungen vermieden werden. Der Schlüsselbegriff war hierbei jener der Effizienz. Die gleichen Leistungen sollten mit einem geringeren Einsatz an Arbeit, Kapital, Material und Energie erbracht werden. Für die Frage der Schonung der natürlichen Ressourcen spielten dabei Material und Energie die entscheidende Rolle. Letzten Endes konnte dies darauf hinauslaufen, das bestehende Konsumniveau ohne eine Steigerung des Material- und Energieflusses zu erhalten oder sogar Wachstum aufkommensneutral zu realisieren.

Eine Zeitlang hatten Arbeiten Konjunktur, welche Effizienzsteigerungen um den Faktor fünf oder zehn proklamierten.[1] Tatsächlich zeigte sich, dass dies nur auf bestimmten neuen Technologiefeldern zu realisieren war. In solchen Feldern sind die Effizienzsteigerungen anfangs hoch und nehmen danach ständig ab. Bei reifen Technologien fällt es schwer, selbst zu kleinen Effizienzsteigerungen zu kommen. Unsere Gesellschaft benutzt aber eine riesige Menge alter Technologien; entgegen gängigen Beschleunigungsphantasien sind der technische Fortschritt und seine Implementierung eher eine Schnecke.

Der Ruf nach Effizienz fiel grundsätzlich in Ingenieurkreisen auf fruchtbaren Boden. Steigerungen des Wirkungsgrads waren in der Ingenieurausbildung und im Ingenieurberuf fest verankert. Einzelwirtschaftlich bedeutete eine Effizienzsteigerung eine Verbesserung der Rentabilität des Unternehmens. Volkswirtschaftlich eine Erhöhung des Wohlstands, traditionell verstanden als Versorgung mit Gütern und Dienstleistungen. Besonders in Deutschland mit seiner begrenzten Ressourcenausstattung versprach die Reduzierung des Einsatzes von Stoffen und Energien besondere Effizienzgewinne. Die Ingenieure integrierten entsprechende Sparsamkeitsmuster fest in ihr Denken. Und diese Sparsamkeitsmuster wurden im 20. Jahrhundert durch die Weltkriege und die wirtschaftlichen Krisenzeiten verstärkt.

Einen gewissen Höhepunkt erreichte das volkswirtschaftliche Effizienzdenken in der Technokratiebewegung.[2] Die Technokraten wollten Wirtschaft und Gesellschaft zentral nach rationalen Gesichtspunkten steuern. Eine Variante entwickelten die beiden AEG-Manager Wichard von Moellendorff und Walther Rathenau im Ersten Weltkrieg unter dem Stichwort »Gemeinwirtschaft«. Unter Gemeinwirtschaft verstanden sie eine dem Einfluss des Privat-

---

1   Z. B. Schmidt-Bleek, Wieviel Umwelt; Weizsäcker, Faktor Fünf.
2   Vgl. Willecke, Technokratiebewegung.

kapitals entzogene, durch direkte Eingriffe wie durch Anreize ge-
lenkte Wirtschaft.

Besonders Rathenau ließ sich in seiner 1918 erschienenen pro-
grammatischen Schrift »Von kommenden Dingen« ausführlicher
über Konsum aus. Für den von ihm konstatierten, mit dem Stichwort »Mechanisierung« belegten Mangel an Geist, Kultur und
Transzendenz sah er die entscheidende Ursache im Aufstieg der
Unterschichten und im Bevölkerungswachstum. Ein Element des
kulturellen Niedergangs bilde der Konsumrausch der Massen: »Die
Besitzfreude steigert sich zum irrsinnigen Warenhunger, der sich
selbst vertausendfacht, indem Übersättigung und Mode alljähr-
lich die Schatzkammern entwerten und leeren müssen, um sie mit
neuem Unrat und Tand zu füllen.«[3] Die wirtschaftliche Aufgabe be-
stehe nicht in einer weiteren »Steigerung des Wohlstands«, sondern
in der globalen »Beseitigung aller Not und drückenden Armut«. Als
wirtschaftliche Instrumente zur Unterstützung der intendierten Ab-
wendung vom Materialismus und Utilitarismus und der Hinwen-
dung zu Sittlichkeit und Kultur empfahl Rathenau allgemein eine
Lenkung der Wirtschaft und konkret Maßnahmen wie die Besteu-
erung von Verbrauch und Luxus. Während des Krieges konnten
Elemente dieser Überlegungen eine gewisse Anziehungskraft entfal-
ten, nach Kriegsende gerieten sie schnell ins Abseits.

Bereits im 19. Jahrhundert sahen manche Zeitgenossen im Konsum eine problematische Art und Weise des Umgangs mit der Natur. Jegliche Konsumsteigerung erfolge letzten Endes zu Lasten der
Natur. Im 20. Jahrhundert nahmen diese Stimmen sukzessive zu. Es
reifte die Erkenntnis heran, dass die enorme Erweiterung der Kon-
summöglichkeiten vor allem auf einer Externalisierung der anfallenden Kosten in Gestalt von Naturverbrauch und Naturzerstörung
beruhte. Die globale Ausmaße annehmende Umweltgefährdung
wurde als direkte Folge von Konsum, Wohlstand und Überfluss
interpretiert. Diese ökologische Konsumkritik konnte anthropo-
zentrische oder physiozentrische Begründungen finden. Die anth-
ropozentrische Position lautete, dass der Naturkonsum bereits die

---

3   Rathenau, Von kommenden Dingen. Die konsumkritischen Passagen sind
     im Buch verstreut; die Zitate finden sich auf den Seiten 40 u. 64.

heutigen Lebensmöglichkeiten oder jedenfalls die künftiger Generationen gefährde. Es liege deshalb im Eigeninteresse der Menschen, den Umgang mit der Natur zu verändern und die konsumtiven Ansprüche zurückzuschrauben. Die physiozentrische Position sprach der Natur einen Eigenwert zu – unabhängig von menschlichen Nutzungsinteressen. Die Menschen sollten sich zu Anwälten der naturalen Interessen machen und ihren Natur- und Umweltverbrauch reduzieren.

Die Diskussion um Wirtschaft, Technik, Natur und Umwelt beschränkte sich lange Zeit auf elitäre Zirkel. In der bundesdeutschen Bevölkerung kam es wie in anderen westlichen Industrieländern erst nach 1970 zu einer markanten – zumindest oberflächlichen – Implementation von Umweltbewusstsein.[4] Kannte 1970 nur eine Minderheit der Bevölkerung überhaupt den Begriff »Umweltschutz«, so war es ein Jahr später bereits die weit überwiegende Mehrheit. Umweltschutz etablierte sich dauerhaft auf der politischen Agenda. Die politischen Parteien und die gesellschaftlichen Gruppierungen nahmen Ziele des Umweltschutzes in ihre Programmatik auf. Die Bundesregierung startete eine Serie von Umweltprogrammen. Im Zusammenhang mit Umweltproblemen schossen Bürgerinitiativen geradezu aus dem Boden und schlossen sich zu Dachverbänden zusammen. Aus dieser Umweltbewegung entstand 1980 mit den »Grünen« eine politische Partei, welche die Umwelt in das Zentrum ihres politischen Programms stellte.

Im Rückblick fällt auf, dass die Umweltprogramme der 1970er Jahre kaum das Konsumniveau thematisierten. Die Vorstellungen gingen dahin, Umweltschutzinvestitionen gewissermaßen unmerklich aus den Produktivitätsgewinnen zu finanzieren, so dass sie von den Konsumenten nicht als Belastung empfunden wurden. Die politische Formel einer »Versöhnung von Ökonomie und Ökologie« suggerierte, dass eine intakte Umwelt kostenfrei zu haben sei. Entsprechende Postulate sind auch heute noch verbreitet, wenn sie auch zunehmend Erosionen unterliegen.

Die propagierten Effizienzsteigerungen führten meist auch zu einer Reduzierung der Preise für Konsumgüter. Vielfach nutzten die

---

4   Vgl. Wey, Umweltpolitik; 152 ff.; Joerges, Berufsarbeit, 190 ff.

Konsumenten dies, um ihren Konsum zu steigern. So wurden die Personenkraftwagen – gemessen am Einsatz von Kapital und Arbeit – immer billiger; sie verbrauchten – gemessen an der Leistung – immer weniger Kraftstoff; und sie stießen weniger Schadstoffe aus. Die Autofahrer überkompensierten dies, indem sie größere und leistungsstärkere Wagen kauften und mehr fuhren. Der gesamte Spritverbrauch und der Schadstoffausstoß gingen nicht etwa zurück, sondern sie erhöhten sich oder stagnierten. Das Rebound-Effekt genannte Phänomen lässt sich nicht nur im Verkehr, sondern auch bei anderen Konsumhandlungen feststellen, beim Kleiden, Wohnen und beim Essen. Die Effizienzgewinne wurden durch eine Steigerung des Konsums wieder aufgefressen.

Die Folgerung aus diesem Phänomen lautet, dass Verbesserungen der Effizienz allein nicht für eine Bewahrung der natürlichen Grundlagen ausreichen. Sie müssen begleitet werden durch Suffizienz,[5] eine Genügsamkeit, die sich mit weniger Gütern begnügt bzw. das Glück nicht in einer Steigerung des Verbrauchs an Gütern und Dienstleistungen sucht. Tatsächlich sind Bescheidenheit, Genügsamkeit oder Askese seit Jahrhunderten von zahlreichen Denkern propagiert worden – und haben nur eine sehr beschränkte Anwendung gefunden. Wachstum im Verbrauch von Gütern und Dienstleistungen wird nicht nur von Ökonomen als Maßstab für die Leistungsfähigkeit einer Volkswirtschaft interpretiert. Auch die meisten Konsumenten dürften darin die angemessene Größe für ihren individuellen Wohlstand sehen.

Seit längerer Zeit wird versucht, eine Alternative zu dem reduzierten eindimensionalen Wohlstandsbegriff der Ökonomie zu entwickeln, welche dem Reichtum und der Vielfalt des Lebens besser gerecht wird. Dabei werden Begriffe wie »Glück«, »Lebensqualität« und »Wohlfahrt« gehandelt. Die Schwierigkeit bei »Glück« besteht darin, dass darunter üblicherweise das Empfinden von Individuen verstanden wird. Entsprechende Umfragen haben zumindest gezeigt, dass keine Kongruenz zwischen »Wohlstand« und »Glück« besteht. In reichen Ländern betrachten sich nicht unbedingt mehr Menschen als glücklich als in armen. Bei »Lebensqualität« und

---

5   Vgl. Stengel, Suffizienz.

»Wohlfahrt« wird häufiger versucht, die Kategorien analog zu
»Wohlstand« zu quantifizieren. Dabei wird eine intakte Umwelt in
das Kategoriensystem integriert. Es wird sich zeigen, ob diese Bemühungen eingefahrene Betrachtungsweisen in Ökonomie, Politik
und Öffentlichkeit abzulösen oder zu ergänzen in der Lage sind.

Second Hand

Die Besitzer werden vielfach Produkte leid, die noch ohne Weiteres genutzt werden könnten. Sie wollen sich neuere Modelle mit
zusätzlichen Funktionen anschaffen; sie suchen etwas, das zu einer
veränderten Lebenssituation passt; oder sie sind schlicht des Alten überdrüssig. Auf der anderen Seite scheuen sie davor zurück,
das Alte einfach wegzuwerfen. Sie messen ihm einen ideellen oder
materiellen Wert zu. In diesen Fällen suchen sie Abnehmer. Dabei
können sie das Produkt verschenken, tauschen oder verkaufen.
Hierfür haben sich ein differenzierter Markt bzw. differenzierte
Organisationsformen entwickelt.[6]

Verschenkt wird besonders im Verwandten- und Bekanntenkreis. Dabei ist der Aufwand gering, und den Gebrauchtwaren wird
ein höheres Maß an Vertrauen entgegengebracht, als wenn sie von
Fremden stammen. Inzwischen gibt es aber auch »Umsonstläden«,
bei denen man gebrauchte Gegenstände abgeben kann, welche – wie
der Name sagt – kostenlos an Interessenten abgegeben werden.[7]
Ursprünge des Konzepts liegen in den Vereinigten Staaten in den
späten 1960er Jahren. Seit 2000 finden sich mehr und mehr Läden
auch in deutschen Städten. Sollten die Gegenstände einen Defekt
haben, werden Hilfen für die Reparatur angeboten. Schwer trans-
portierbare Gegenstände können durch Zettelanschläge angeboten
werden. Die Läden finanzieren sich in erster Linie mit Hilfe von
Spenden. Sie sollen nicht nur Minderbemittelte unterstützen, sondern bilden auch Symbole für einen nachhaltigeren Konsum und

---

6 Vgl. Klocke/Spellenberg, Aus Zweiter Hand; Ohlwein, Märkte; Behrendt,
 Wiederverkaufskultur.
7 Vgl. www.umsonstladen.de; Zugriff am 3. 4. 2019; Art. »Umsonstladen« in
 Wikipedia; Zugriff am 3. 4. 2019 (hier das Zitat).

werben »für eine solidarische Gesellschaft jenseits kapitalistischer Logik«.

Auch das Tauschen wurde von einer Reihe von Theoretikern als Alternative zur kapitalistischen Verwertungsgesellschaft stilisiert.[8] Anfänge liegen weit zurück, eine gewisse Verbreitung fanden Tauschringe seit den 1990er Jahren. Die getauschten Dienstleistungen und Produkte können in Zeit- oder Geldeinheiten verrechnet werden, oder es findet ein materieller Tausch statt. Das Internet hat die Tauschakte wesentlich erleichtert und die Tauschringe vergrößert. Eine soziale Kommunikation besitzt vor allem in Nachbarschaftsringen Bedeutung. Den meisten Nutzern dürfte es um eine Entlastung des Haushaltsbudgets gehen. Aber auch politische Ziele wie eine nachhaltige Produktnutzung und Kapitalismuskritik werden als Motive genannt.

Das Verschenken und das Tauschen findet meist abseits der großen Öffentlichkeit statt und ist insbesondere quantitativ schwer zu fassen. Dies sieht beim Verkaufen und Kaufen gebrauchter Waren besser aus. Dabei stehen wirtschaftliche Motive ganz im Vordergrund.[9] Andere, wie das Kaufen und Verkaufen als Vergnügen oder die Schonung der Umwelt, können dazukommen. Gehandelt werden die unterschiedlichsten Gegenstände: Kraftfahrzeuge, Haushaltswaren, Möbel, Textilien, Tonträger und vieles andere mehr. Angeblich soll es in den 1970er Jahren zu einer Expansion des Gebrauchtwarenmarkts gekommen sein.[10] Dies ändert nichts daran, dass sein Anteil am gesamten Einzelhandel verschwindend gering ist. Schätzungen für die Mitte der 1980er Jahre sprechen von gut 1 %.[11]

Auf dem Gebrauchtwarenmarkt tummeln sich kommerzielle wie private Anbieter. Auf Flohmärkten können sie nebeneinander agieren.[12] Bei den Produkten handelt es sich weniger um Gebrauchsgegenstände denn um Objekte, mit denen das Leben verschönert wird

---

8   Art. »Tauschkreis« in Wikipedia; Zugriff am 3. 4. 2019; Hubert, Tauschringe; Wagner, Lokale Tauschnetze.

9   Ohlwein, Märkte, 323 f.

10   Klocke/Spellenberg, Aus Zweiter Hand, 17 u. 165.

11   Klocke/Spellenberg, Aus Zweiter Hand, 162.

12   Vgl. Klocke/Spellenberg, Aus Zweiter Hand, 21 ff.; Hofstädter, Alte Waren.

oder die in Erinnerungen eingeordnet werden. In Trödelläden oder
Antiquitätengeschäften ist der Handel mit diesen Gegenständen
stärker institutionalisiert.

Flohmärkte, Trödelläden und Antiquitätengeschäfte sprechen
Gefühle an, der wirtschaftlich motivierte Handel mit Gebrauchtem
zielt auf Bedarfe. Dabei dürften zwei gegenläufige Tendenzen eine
Rolle spielen. Einerseits sinkt die Nachfrage nach Gebrauchtem mit
steigenden Einkommen und sinkenden oder stagnierenden Preisen.
An anderer Stelle in diesem Buch ist bereits angesprochen worden,
wie schwer es ist, gebrauchte Möbel oder Kleidung einer sinnvol-
len Verwendung zuzuführen.[13] Andererseits werden auch von den
weniger gut Gestellten hochpreisige Güter, wie Fernsehgeräte oder
Smartphones, als unverzichtbare Bestandteile des Lebens angesehen.
Dies führt gewissermaßen zu einer Spaltung der Gesellschaft. Mehr
und mehr Menschen – und insbesondere junge Leute – kaufen niemals gebrauchte Produkte. Andere greifen zu Gebrauchtwaren, um
einen aus ihrer Sicht angemessenen Lebensstandard zu realisieren.

Der größte Anreiz, Gebrauchtes zu kaufen, besteht bei teuren
Produkten. Bei Wohnungen und Automobilen gehört der Kauf von
Gebrauchtem zur Normalität. In beiden Bereichen waren und sind
die Transaktionen mit gebrauchten Objekten zahlreicher als mit
Neuen.[14] So besitzt der Gebrauchtwagenmarkt einen derartigen
Umsatz, dass er Platz bietet für mehrere einschlägige Internetpor-
tale. Bei einem Neuwagenkauf gehört es zur Selbstverständlichkeit, den alten Wagen in Zahlung zu geben. Üblicherweise wird er
als Gebrauchtwagen weiter veräußert. Weniger hochwertige Gebrauchtwagen werden nach Osteuropa oder Länder der Dritten
Welt exportiert. Manche Autohersteller weisen auf den hohen Wie-
derverkaufswert ihrer Modelle hin.

In der Vergangenheit bildete die Kleinanzeige in Zeitungen oder
Zeitschriften das wichtigste Medium, um Gebrauchtwaren anzubieten. Durch das Internet hat sich dies seit den 1990er Jahren grund-
legend geändert. Mittlerweile gibt es zahlreiche Portale, die sich auf

---

13 S. o. S. 81 ff. u. 85 ff.
14 Vgl. für den Gebrauchtwagenmarkt: Röper, Gibt es geplanten Verschleiß?,
     120 ff.; Ohlwein, Märkte, 2 f. u. 34 f.

bestimmte Produkte spezialisiert haben. Und darüber hinaus existieren Universalisten, die Nutzern Verkauf und Kauf eines breiten Spektrums an Gebrauchtwaren ermöglichen. Mit großem Abstand Marktführer ist das seit 1999 in Deutschland tätige eBay. Allerdings bietet eBay inzwischen mehr Neu- als Gebrauchtwaren an. Die gebrauchten Produkte können zu Fest- oder Aktionspreisen angeboten werden; sie werden per Post versandt oder abgeholt. 2009 sollen 22 Millionen Deutsche eBay genutzt haben; die Zahl der Käufer liegt höher als die der Verkäufer.[15] Der Aufwand für eine Transaktion ist gering, und es lassen sich günstige Preise erzielen. In neuerer Zeit weist eBay zusätzlich auf die ökologischen Vorteile seines Geschäftsmodells hin. Die Produkte werden länger genutzt, womit der Material- und Energieaufwand bei Neuanfertigungen vermieden wird. Und das Unternehmen unterhält keine Warenlager.

Damit ist die Frage angesprochen, in welcher Weise sich der Gebrauchtwarenmarkt auf die Umwelt auswirkt. Dabei ist von vornherein zu berücksichtigen, dass sein Anteil am Konsum verschwindend gering ist. Große Auswirkungen sind also nicht zu erwarten. Davon abgesehen: Grundsätzlich ist es zu begrüßen, wenn Produkte länger genutzt werden. Allerdings sollen Gebrauchtwaren nicht zuletzt Geld sparen. Das Problem liegt darin, was mit diesem Geld angefangen wird. Wenn es an anderer Stelle in mehr Konsum umgesetzt wird, dann kann der Erwerb von Gebrauchtwaren ökologisch sogar kontraproduktiv sein. Oder Gebrauchtwaren ermöglichen Personenkreisen den Einstieg in ökologisch problematische Konsumhandlungen, den sie ohne diese nicht geschafft hätten. Ein Beispiel ist der Gebrauchtwagenhandel, der die Zahl der Teilnehmer an der Individualmotorisierung deutlich erhöht. Zudem erwerben die meisten Verkäufer eines Gebrauchtwagens einen Neuwagen, der mit hohem Stoff- und Energieeinsatz produziert wird und damit die Umwelt belastet. Das Fazit lautet, dass zwar Verlängerungen der Nutzungsdauer ökologisch erwünscht sind, diese aber durch Eigennutzung und nicht durch Weitergabe oder Verkauf an Dritte realisiert werden sollten.

---

15 Behrendt, Wiederverkaufskultur, bes. Vf.; Clausen, Gebrauchtwarenhandel, 49; Blättel-Mink, Nachhaltigkeit, 124.

Sharing versus Individualbesitz

Zahlreiche Produkte nutzen die Haushalte nur periodisch. In manchen Kleinfamilien wird die Waschmaschine nur einmal in der Woche angeworfen. Das Fahrzeug lässt sich als »Stehzeug« abqualifizieren. Die Skiausrüstung benutzt man üblicherweise nur einmal im Jahr, im Winterurlaub. Zahlreiche weitere Beispiele ließen sich anführen. Da liegt der Gedanke nahe, das Produkt partnerschaftlich zu verwenden oder es zu mieten. Auf diese Weise ließe sich die Gerätenutzung intensivieren und die Zahl der Geräte reduzieren. Dies würde den Konsumenten nutzen, weil sie Anschaffungskosten sparten. Und ebenso der Umwelt, weil weniger Produkte auch weniger Material- und Energieverbrauch bedeuteten.

Tatsächlich war die gemeinschaftliche Nutzung von Objekten in der Vergangenheit ausgeprägter als in der Gegenwart. Dies hing einerseits damit zusammen, dass sich die Menschen zahlreiche Produkte nicht als persönliches Eigentum leisten konnten. Für die Fortbewegung waren sie lange Zeit auf die kollektiven Verkehrsmittel Bahn und Bus angewiesen. Andere Technologien wie das Kino standen nur in kollektiver Form zur Verfügung. Und schließlich hieß allein schon die Größe der Haushalte in der Vergangenheit, dass mehr Menschen an den Produkten partizipierten: an den Möbeln, an den Haushaltsgegenständen, an den sanitären Einrichtungen usw.

Heutzutage steht nahezu die gleiche Anzahl an Einrichtungsgegenständen in Wohnungen, die von viel weniger Menschen bewohnt werden. Um die Jahrhundertwende waren in Deutschland die Fünf-Personen-Haushalte am häufigsten vertreten, und die jeweiligen Anteile sanken bis hinunter zu den Ein-Personen-Haushalten.[16] Heute ist es genau umgekehrt. 1900 betrug der Anteil der Fünf-Personen-Haushalte 44,4 % und der Ein-Personen-Haushalte 7,1 %. 1990 handelte es sich bei 5,3 % um Fünf-Personen-Haushalte und bei 35 % um Ein-Personen-Haushalte. In den großen Städten liegt der Anteil der Single-Haushalte bei etwa der Hälfte, was einem Fünftel der Bevölkerung entspricht. Das Single-Dasein schlägt sich

16 Statistisches Bundesamt, Datenreport 5, 49.

in einem höheren Konsum an Wohnungen, Wohnfläche und Wohnungsausstattung nieder.

Früher gehörten vor allem in Mietwohnungen gemeinschaftliche Nutzungsformen zur Normalität. Vor der zentralen Wasserversorgung und der Abwasserentsorgung, die in den deutschen Städten seit der Mitte des 19. Jahrhunderts errichtet wurden, mussten sich die Menschen an öffentlichen Trinkwasserbrunnen versorgen und ihr Geschäft auf Abtritten in den Höfen verrichten. Später reduzierten die auf Zwischenpodesten im Haus gelegenen Etagenklos die Zahl der jeweiligen Nutzer. Sie fanden sich noch nach dem Zweiten Weltkrieg, wenn in dieser Zeit auch bereits die Toilette in der Wohnung dominierte. Man wusch sich lange Zeit in mit Wasser aus den Brunnen gefüllten Kannen und Schüsseln, oder man besuchte die öffentlichen Wannenbäder. Im späten 19. Jahrhundert erhielten die meisten Häuser Wasseranschluss. In manchen Häusern kam es zur Einrichtung von Gemeinschaftsbaderäumen. 1925 besaßen immer noch nur gut ein Viertel aller Berliner Wohnungen ein eigenes Badezimmer.[17] Die Verallgemeinerung des Badezimmers in der Wohnung fällt in die Nachkriegszeit.

Die Komfort- und hygienischen Vorteile der Familiarisierung und Individualisierung der Toiletten und des Bades liegen auf der Hand. Weniger offensichtlich sind diese bei anderen Gemeinschaftseinrichtungen, wie Küchen, Kühlanlagen, Wasch- und Trockenräumen. Im Folgenden soll die Entwicklung kurz am Beispiel der Waschküchen skizziert werden. Über lange Zeit gab es in den Miethäusern einen eigenen Raum mit Waschkessel, Waschzuber usw., den man für die große Wäsche der Familie reservieren konnte. Im 20. Jahrhundert veränderte die Innovation der Waschmaschine die Lage. Waschmaschinen verbreiteten sich zunächst in gewerblichen Wäschereien, dann – jedenfalls in Deutschland – in Gemeinschaftswaschanlagen und schließlich in den privaten Haushalten. Auch heute noch werden den gewerblichen Wäschereien ökologische Vorteile zugeschrieben, weil sie größere und effizientere Maschinen einsetzen, insbesondere für das Trocknen der Wäsche.[18] Sie

---

17 Kramer, Das private Hausbad, 71.
18 Hirschl, Nachhaltige Produktnutzung, 53 ff.

haben allerdings – im Gegensatz zu den chemischen Reinigungen – nur eine Nischenposition für das Wäschewaschen inne. Sie werden genutzt für große oder schwer zu bügelnde Wäschestücke und von den wenigen Kunden, die nicht im Besitz einer Waschmaschine sind.

In der Nachkriegszeit war es weit verbreitet, dass Wohnungsgesellschaften ihre Wohnanlagen und Hausbesitzer ihre Waschküchen mit Waschmaschinen ausstatteten.[19] Bis 1965 entstanden so in Deutschland Zehntausende von Gemeinschaftswaschküchen für 1,6 Millionen Familien. Die Familien schafften sich jedoch, sobald sie es sich leisten konnten, private Maschinen an. Die Waschmaschinen wurden in den Wohnungen installiert oder – falls der Vermieter dem zustimmte – in den Gemeinschaftswaschküchen. Im Berliner Hansaviertel nutzte 1963 nur die Hälfte der Mieter die von den Hausbesitzern zur Verfügung gestellten Maschinen. Zahlreiche Prozesse, in denen die Mieter auf Mietreduzierung bei Nichtbenutzung klagten, künden von der Unbeliebtheit der Gemeinschaftswaschmaschinen. Der Hauptgrund lag darin, dass die Familien ihre Wäsche als einen Teil ihrer Intimsphäre betrachteten, die sie nicht – beim Waschen wie beim Trocknen – der Beobachtung anderer aussetzen wollten.

Die technische Aufrüstung der städtischen Haushalte führte in Mietshäusern zu einem Nutzungswandel der Gemeinschaftsräume und -anlagen. Die Waschküche und der Trockenraum verloren ihre Funktion, der Hof wurde nicht mehr zum Aufhängen der Wäsche und für das Teppichklopfen benötigt. Mit dem Hof besaßen die Kinder einen Ort zum Spielen; an seine Stelle traten öffentliche Spielplätze und die neu eingerichteten und größer werdenden Kinderzimmer. Ähnlich erging es in der Nachkriegszeit den mit Bädern, Waschküche, Gefrieranlagen und Fernsehraum ausgestatteten »Dorfgemeinschaftshäusern«.[20] Die Landbewohner nutzten sie so lange als Übergangserscheinung, bis sie in der Lage waren, die eigenen Wohnungen entsprechend auszustatten.

---

19 Silberzahn-Jandt, Wasch-Maschine, 47.
20 Fuchs, »Einst ein mühsam Walten …

Mit dem Automobil machten sich die Deutschen in den Nachkriegsjahrzehnten unabhängig von den kollektiven Verkehrsdienstleistungen der Droschken, Taxen, Busse und Bahnen.[21] Schon in der Anfangszeit des Automobilismus stilisierten viele der Pioniere den Motorwagen zum Vehikel der Freiheit, mit dem man sich den von andern auferlegten Zwängen bei der kollektiven Fortbewegung entziehe. Wie sehr sie damit die Empfindungen Vieler trafen, zeigt der mit zunehmendem Wohlstand einsetzende Run auf das Automobil. In den USA schien das Auto das einzige Verkehrsmittel zu sein, mit dem sich die Weite des Landes und damit die Größe Amerikas nicht nur durch-, sondern auch erfahren ließ.

In der frühen Bundesrepublik markierte das private Automobil den Unterschied zur kollektivistischen DDR, in späterer Zeit, als auch die DDR eine Massenmotorisierung erlebte, blieben den Bundesbürgern immerhin mehr Hubraum, Pferdestärken und modernere Technik. Zwar demonstrierte die Massenmotorisierung, dass die individuelle Mobilität Vieler zu Behinderungen und Beeinträchtigungen der Mobilität Einzelner, in Form von dichtem Verkehr, Parkplatzsuche und Staus, führen konnte, doch änderte dies nichts Grundsätzliches am Freiheitsimage des Automobils. »Freie Fahrt für freie Bürger« titelte der ADAC – wohl ganz im Sinne der Mehrzahl seiner Mitglieder –, als dem Individualverkehr politische Einschränkungen drohten.

Das Automobil diente der individuellen Mobilität und wurde von den Besitzern als Teil der Privatsphäre begriffen. Die individuelle Wahl und Gestaltung des Autos griff – je nach Geldbeutel – zurück auf seltene Marken und Typen, Sonderlackierungen und Ausstattungen, das reichhaltige Angebot der Zubehörindustrie oder mehr oder weniger originelle Aufkleber. Weitere Möglichkeiten der Individualisierung boten die Innenräume. Machten sich anfangs vor allem Plüschtiere und Häkeldeckchen breit, so dominieren heute technische Konsumgüter, das Autotelefon, Radio und Lautsprecher sowie auf Kassetten und CDs gespeicherte Musik. Der Automobi-

21 Polster/Voy, Eigenheim, 290 ff. Edelmann, S. 224 ff.; Klenke, Bundesdeutsche Verkehrspolitik; Klenke, »Freier Stau …; Burkart, Individuelle Mobilität; Polster/Voy, Eigenheim, 290 ff.; Sachs, Liebe, 80 ff.; Andersen, Traum, 155 ff.

list fährt zwar durch die Welt, schafft sich aber gleichzeitig einen vor der Welt geschützten Raum. Bis zu einem gewissen Grad lässt sich dieser Raum durch dunkle Fenster, Sichtblenden, Klimaanlagen, Frischluftfilter und Navigationssysteme vor Außeneinflüssen abschirmen.

Wie der vom Mann dirigierte Erstwagen der Familie, so gewährte der Zweit- oder Drittwagen der Frau und den Kindern zusätzliche Dispositionsspielräume. Der Frau erleichterte das eigene Auto die Flucht aus dem Haushalt. Dafür erhielt sie aber auch die gesamte Last der Einkäufe und des Kindertransports aufgebürdet. Mit dem eigenen Wagen entzogen sich die Jugendlichen der Kontrolle der Eltern, fuhren zu Verabredungen und erweiterten ihren Bekanntenkreis über den der Familie und der Nachbarn hinaus. Vielfach erkauften sie die mobilen Freiheiten mit Gelegenheitsarbeiten neben Schule und Studium und mit Ferienjobs.

Eine Steigerung der individuellen Mobilisierung in die dritte Dimension schien nach dem Zweiten Weltkrieg ins Haus zu stehen. Zahlreiche Verkehrsexperten, Publizisten und industrielle Interessenten propagierten das Flugzeug und insbesondere den Hubschrauber als kommende individuelle Massenverkehrsmittel, die auf lange Sicht das Automobil ablösen würden.[22] Die Kosten, die erforderliche fliegerische Kompetenz und ein zunehmendes Umweltbewusstsein machten solche Projektionen obsolet.

Mit den audiovisuellen Medien internalisierten die Haushalte weitere Konsumbereiche. Die meisten der audiovisuellen Medien standen anfangs im öffentlichen Raum.[23] Phonograph und Kinetoskop, die von Edison entwickelten Hör- und Sehgeräte, warteten in Unterhaltungsstätten auf Kunden. Pioniere des Radios und Fernsehens organisierten Vorführungen in gemieteten Sälen. Gasthäuser und Kneipen stellten Radios und Fernseher als Kundenfang auf. Auf diese Weise wurde ein breiteres Publikum an technische Hör- und Seherlebnisse herangeführt.

---

22 Corn, The Winged Gospel.
23 Die Literatur zu diesem Thema ist umfangreich, aber heterogen. Vgl. als Einstieg die Literaturangaben in König, Kleine Geschichte, 254–56.

Als die neuen Medien erschwinglich wurden, verbreiteten sie sich mit hoher Geschwindigkeit in den Privathaushalten. Der Besitz eines Radios gehörte schon in der Frühzeit der Bundesrepublik zum Standard eines Haushalts. Mit den mobilen Geräten erhöhte sich die Zahl der Radios pro Haushalt, die mehr und mehr in Individualbesitz übergingen.[24] In den 1950er Jahren bevorzugten die Käufer von Kofferradios noch hochwertige Geräte. Mit der Transistorisierung fanden auch zunehmend preiswerte Modelle ihren Markt. Um 2005 besaß der deutsche Durchschnittshaushalt sechs bis sieben UKW-Empfänger – die Autoradios nicht eingerechnet.

In der Nachkriegszeit trat der Fernseher neben das Radio. Zu Beginn der 1970er Jahre war die Versorgung der Haushalte mit Schwarz-Weiß-Geräten weitgehend abgeschlossen.[25] Sie standen in den Wohnungen an zentralen Orten. Um sie herum versammelte sich abends die Familie. An Bekannte und Verwandte ergingen Einladungen zum gemeinsamen Hören und Sehen. Besonders das Fernsehen trug viel zur Verhäuslichung bei. Die Versorgung mit Farbfernsehgeräten nahm einen längeren Zeitraum in Anspruch. Die ersten Modelle waren teuer, und die bundesdeutschen Haushalte hatten sich gerade erst mit Schwarz-Weiß-Geräten ausgestattet. Vor diesem Hintergrund suchte das Versandhaus Quelle 1973 den Farbfernsehmarkt mit Mietangeboten zu erschließen.[26] 1978 übertraf der Bestand an Farbgeräten erstmals den der Schwarz-Weißen. Aber erst zu Beginn der 1990er Jahre war der Umstieg auf Farbe weitgehend abgeschlossen.

Die technische Geräteentwicklung förderte die sich zeitlich anschließende Individualisierung des Fernsehens. Größere Bildschirme, Farbe, Stereoton und Digitalisierung ließen die fernsehtechnische Vor-Ausrüstung veralten. Das neue Modell verdrängte das alte vom zentralen Platz des Wohnzimmers, das alte wanderte in

---

24 Weber, Versprechen, bes. 85 u. 103.
25 Verbreitungszahlen bei Fischer/Krengel/Wietog, Sozialgeschichtliches Arbeitsbuch, 149; Statistisches Bundesamt, Datenreport 5, 130; Eurich/Würzberg, 30 Jahre Fernsehalltag, 52.; Glatzer u.a., Haushaltstechnisierung, 33; Fotiadis u.a., Konsum- und Investitionsverhalten, 403; Noelle-Neumann/Schulz/Wilke, Fischer-Lexikon, 513f.
26 Schöllgen, Gustav Schickedanz, 380.

Küche, Schlafzimmer, Kinderzimmer oder andere Räume; in vielen Fällen ging es aus dem Familienbesitz in den Individualbesitz eines Familienmitglieds über. Die individuelle mediale Verfügungsgewalt lässt zahlreiche familiäre Konflikte, wie über die Programmwahl oder die Lautstärke, gar nicht erst entstehen oder reduziert sie zumindest.

Mieten oder Leasing besitzt ganz offensichtlich eine Reihe wirtschaftlicher und ökologischer Vorteile. Um 1970 prognostizierten amerikanische Theoretiker eine bevorstehende »Mietrevolution«.[27] Auch heute schreiben manche Autoren dem Leasing ein enormes Zukunftspotential zu.[28] Im gewerblichen Bereich ist das Leasing von Fahrzeugen, von Kopiergeräten, von Maschinen und Anlagen tatsächlich weit verbreitet. Im privaten hat sich Leasing bislang allerdings nur wenig durchgesetzt. Einzig bei saisonal, in den Ferien genutzten Produkten, wie bei Skiausrüstungen und Wohnmobilen, gibt es hoffnungsvolle Ansätze. Dabei ließe sich das Konzept auf zahlreiche Alltagsdinge übertragen.

Seit Ende der 1980er Jahre standen die Skihersteller vor einer schwierigen Situation.[29] Die Zahl der Skifahrer ging zurück und mit ihnen die Zahl der Verkäufe. Gleichzeitig nahm das Geschäft mit Leihski zu. Unter den Kunden kann man zwei Gruppen unterscheiden. Eine Gruppe kalkuliert die ökonomischen Vorteile des Leihens gegenüber dem Kaufen. Der anderen geht es um die Möglichkeit, hochwertige Ski verschiedener Hersteller auszuprobieren. Verliehen werden immer neue Modelle, die gebrauchten Ski werden verkauft – teilweise nach Osteuropa.

Leasing heißt Intensivierung der Nutzung. Die Produkte stehen nicht die längste Zeit im Schrank, im Keller oder in der Garage, sondern werden so häufig wie möglich genutzt und verwerten damit den bei der Herstellung notwendigen Stoff- und Energieeinsatz besser. Die Verleiher, welche mit den Herstellern identisch sein können, entwickeln ein Eigeninteresse an qualitativ hochwertigen, wartungs- und reparaturfreundlichen Produkten, was sich zusätzlich ressour-

---

27 Toffler, Zukunftsschock, 52 f.; vgl. auch Papanek, Das Papanek-Konzept, 85.
28 Stokar, Sharing Economy, 62.
29 Hirschl, Nachhaltige Produktnutzung, 69 ff.

censchonend auswirkt. Sie wären in der Lage, verliehene Produkte nach einer bestimmten Zeit wieder zurückzunehmen, um sie in Schuss bzw. auf den neuesten technischen Stand zu bringen.

Das Internet erleichtert das Mieten. Dies gilt sowohl für Transaktionen zwischen Privaten wie zwischen Privaten und kommerziellen Anbietern. Dabei hat sich gezeigt, dass sich Non-Profit-Initiativen auf Dauer nicht gegen große gewinnorientierte Unternehmen behaupten konnten. Auf der einen Seite gibt es heute Großunternehmen wie Booking.com und Airbnb, die bei der Unterkunftssuche fast schon ein Monopol besitzen. Andere Großunternehmen, wie Ikea, die Otto Group und Tchibo, drängen auf den Markt und bieten Möbel, Haushaltswaren, technische Geräte, Damen- und Kindermoden zum Mieten an. Auf der anderen Seite existieren zahlreiche kleine Unternehmen, die sich auf Teilsegmente des Leasing spezialisiert haben.

Die größten Umsätze werden heute jedenfalls mit Car-Sharing und der Vermietung von Unterkünften erzielt. Vielfach begann Car-Sharing in Form einer Vermittlung von Mitfahrgelegenheiten über größere Entfernungen.[30] Darüber hinaus gab es Initiativen, bei denen sich mehrere Haushalte ein Auto teilten. Und schließlich waren und sind in dem Geschäftsfeld Unternehmen tätig, die an festen Stationen Wagen verleihen. Seit 2009 kamen Anbieter dazu, deren Wagen im Zentrum der Großstädte frei zirkulierten. Heute kann man per Smartphone den Standort des nächsten freien Wagens finden, diesen buchen und wieder irgendwo abstellen.

Manche schreiben dem Car-Sharing eine glänzende Zukunft zu. Die Gegenwart ist jedenfalls noch mehr als bescheiden. Zur Zeit macht die Car-Sharing-Flotte weniger als ein halbes Promille des deutschen Bestandes an Personenkraftwagen aus. Die ökologischen Vorteile des Car-Sharing liegen auf der Hand: Die Nutzung des einzelnen Fahrzeugs wird intensiviert, die Gesamtzahl der Fahrzeuge schrumpft. Dies allerdings nur, wenn die Kunden kein eigenes Fahrzeug besitzen, was nur bei einer Minderheit der Fall ist. Bei der Mehrheit handelt es sich um Autobesitzer, die in einer bestimmten Situation, aber auch aus Vergnügen mal ein anderes Modell fahren

---

30 Vgl. Scholl u.a., Peer-to-Peer Sharing, 22 ff.

wollen. In diesen Fällen ersetzt das Car-Sharing nicht die Individualmotorisierung, sondern ergänzt und erweitert sie.

Ähnliche Probleme stellen sich bei der Vermietung von Privat-
wohnungen. Wenn man verreist oder in Urlaub ist, stellt die Vermietung eine Option dar. Die Vermieter erhalten zusätzliche Ein-
künfte, die Mieter eine Wohnung oder ein Zimmer, die etwa die
Hälfte eines vergleichbaren Hotelangebots kosten. Um die Jahrtausendwende stiegen zahlreiche kommerzielle und nicht-kommer-
zielle Anbieter in die Vermittlung von Ferienunterkünften über
das Internet ein. Zu den nicht-kommerziellen gehörte in den USA
Couchsurfing.[31] Die Gründer betonten die Gemeinnützigkeit mit
dem Slogan »Menschen miteinander verbinden und inspirierende
Erlebnisse ermöglichen«. Dies ließ sich aber nicht durchhalten. Seit
2010 wurde Couchsurfing in ein gewinnorientiertes Unternehmen
umgewandelt. Allerdings waren um diese Zeit bereits überlegene
Wettbewerber auf dem Markt.

Zum Marktführer entwickelte sich das 2007 in San Francisco gegründete Airbnb.[32] Der Name entstand als eine etwas merkwürdige
Abkürzung aus AirBed (Luftmatratze) & Breakfast und verweist auf
die Anfänge des Unternehmens, als Übernachtungsmöglichkeiten
gleich welcher Art in zu bestimmten Events ausgebuchten Städten
gesucht wurden. 2011/12 weitete Airbnb seinen Aktionsradius aus –
auch nach Deutschland – und wurde schließlich ein global tätiges
Unternehmen, das mehrere Millionen Betten im Angebot führt. Inzwischen vermittelt Airbnb auch Reiseerlebnisse und macht damit
den traditionellen Reiseanbietern Konkurrenz.

Inzwischen ist Airbnb überall unter Beschuss geraten. Dem Unternehmen wird vor allem vorgeworfen, dass es nicht nur zeitweise
leer stehende Wohnungen vermittelt, sondern auch Wohnungen,
die auf Dauer nur für kurzzeitige Vermietungen bestimmt sind. Auf
diese Weise vergrößere Airbnb die in den Großstädten herrschende
Wohnungsnot. Schließlich wird der durch die Touristen in den
Wohnvierteln verursachte Lärm beklagt. Airbnb verweist dagegen
darauf, dass der durch das Unternehmen geförderte Tourismus Geld

---

31 Vgl. Stone, Die Sharing Economy, 91–96 (das Zitat 92).
32 Vgl. Stone, Die Sharing Economy.

in die Städte bringe. Außerdem hat sich Airbnb in einer Reihe von Städten bereit erklärt, die dort übliche Hotelsteuer zu zahlen. Einige Städte haben die Geschäftstätigkeit von Airbnb einschränkende Bestimmungen erlassen. Darüber hinaus sind in diesem Zusammenhang noch zahlreiche Gerichtsprozesse anhängig.

Mieten bedeutet also eine Intensivierung der Nutzung von Produkten und Dienstleistungen. Dies kommt der Umwelt zugute, aber nur, wenn die Mieter dafür auf Eigentum wie ein eigenes Auto verzichten. Durch Mieten lassen sich Einsparungen erzielen. Die Frage ist, wofür das Gesparte ausgegeben wird. Sollte dies umweltschädlicher Konsum sein, dann lösen sich die ökologischen Vorteile des Mietens in Nichts auf, sie können sogar ins Gegenteil umschlagen. Dies ist z.B. bei günstigen Übernachtungsmöglichkeiten der Fall, weil die Einsparungen vielfach in weitere die Umwelt belastende Reisen umgesetzt werden.[33]

Miettransaktionen machen allerdings nur einen winzigen Teil des Konsums aus. Und es ist sehr zweifelhaft, ob dieser Bereich in relevanter Weise wachsen wird. Die Auflösung von Gemeinschaften und die Individualisierung sind mächtige Trends, bei denen sich in keiner Weise eine Umkehr andeutet. Wie schon Second Hand demonstriert Sharing Möglichkeiten des Ausstiegs aus der Konsum- und Wegwerfgesellschaft, es ist aber kaum zu erwarten, dass diese Möglichkeiten ergriffen werden.

---

33   Vgl. Ludmann, Ökologie; Vogelpohl/Simons, Kontroversen.

Ausblick

Nur auf den ersten Blick sind Wegwerfprodukte eindeutig zu bestimmen. Unter diesen Begriff fallen alle Produkte, die nur einmal oder nur kurze Zeit benutzt werden. Hierzu gehören zahlreiche Hygieneprodukte wie Einwegwindeln oder Menstruationsbinden. Außerdem werden darunter Produkte gefasst, die man nicht nachfüllen kann, wie bestimmte Schreibwaren oder Feuerzeuge. Und schließlich benutzten die Hersteller von Qualitätswaren häufiger den Begriff, um sich von minderwertigen Produkten geringerer Haltbarkeit abzusetzen.

Ein allgemein anerkannter Begriff von Wegwerfprodukten kann es nicht geben, denn alles wird früher oder später weggeworfen. Mit dem Begriff »Wegwerfprodukt« drücken die Menschen ihre Unbehagen aus, dass Produkte zu früh weggeworfen werden. Dies kann in der Konstruktion und Produktion des Produkts begründet sein, aber auch in problematischen Formen des Handels oder der Nutzung. So werden vielfach über das Internet Varianten eines Produkts zur Auswahl bestellt. Die fälligen Retouren werden dann vom Versandhändler weggeworfen, weil sich eine Reinigung und Neuverpackung nicht lohnt. Zu den in Massen weggeworfenen Gütern zählen auch die Verpackungen. Das Wegwerfen ungenutzter Güter findet sich auch bei der Kleidung, wenn der Kauf letztlich doch nicht gefällt. Und er findet sich bei Lebensmitteln, wenn der Einkauf wesentlich größer als der Hunger war.

Das Wegwerfen hat im Zeitverlauf in einem Umfang zugenommen, dass der Begriff der »Wegwerfgesellschaft« berechtigt erscheint. »Wegwerfgesellschaft« versteht man dabei am besten als extreme Erscheinungen und Auswüchse der Konsumgesellschaft. Es ist jeweils zu prüfen, welche Formen des Wegwerfens durch die Gesellschaft akzeptiert werden und welche die Gesellschaft ablehnt und zu unterbinden sucht. Eine Gesellschaft, in welcher nichts mehr weggeworfen wird, ist jedenfalls eine nicht einlösbare Utopie.

Man kann sich dem Wegwerfen auf unterschiedlichen Ebenen nähern. Eine Totalbetrachtung bietet der Müll. Die Müllmengen sind der beste Indikator für die Zunahme des Wegwerfens. Dabei zeigt sich, dass der Umfang des Mülls mit zunehmendem Wohlstand im 20. Jahrhundert zunahm – am stärksten in den 1950er und 1960er Jahren. Mit steigendem Umweltbewusstsein verlangsamte sich seit den 1970er Jahren das Wachstum der Abfallmengen. Zudem änderte sich die Zusammensetzung des Mülls in markanter Weise. Bis zum Zweiten Weltkrieg bildete die aus der Verbrennung von Kohle resultierende Asche eine relevante Fraktion. Danach gingen diese Mengen aufgrund der Verbreitung der Zentralheizung zurück. Ihre Stelle nahmen Papier und Sperrstoffe ein; Verpackungsmaterialien begannen eine zunehmende Rolle zu spielen. Besondere Zuwachsraten erlebten die Kunststoffe. Es entstand eine beträchtliche Differenz zwischen Müllaufkommen und Verwertung durch Recycling – am ausgeprägtesten bei den Kunststoffen.

Der Müll zeigt also die Entwicklung des Wegwerfens an – allerdings in einer sehr pauschalen Weise. Eine andere Betrachtungsebene ist jene einzelner Konsumbereiche. So beobachten wir, dass sich die traditionelle Mahlzeitenstruktur aufgelöst hat. Gegessen wird heute in großem Umfang unterwegs, immer und überall. Dies hat die Müllmengen und das Wegwerfen beträchtlich vermehrt. Darüber hinaus werden Lebensmittel bei den Herstellern, beim Handel und bei den Konsumenten aus verschiedenen Gründen weggeworfen. Im Bereich der Kleidung wird das Wegwerfen durch zwei Entwicklungen gefördert. Kleidung ist immer billiger geworden – nicht zuletzt, weil sie in großem Umfang in Billiglohnländern erzeugt wird. Der Wechsel des modischen Angebots hat längst die vier Jahreszeiten hinter sich gelassen und spielt sich ganzjährig ab. Und schließlich erfassen die Moden auch weitere Lebensbereiche wie die Ausstattung mit Möbeln.

Noch konkreter wird das Wegwerfen auf der Ebene der einzelnen Produkte. Zahlreiche Wegwerfprodukte entstanden bereits im 19. Jahrhundert, eine weitere Verbreitung erlebten sie aber erst im 20. Jahrhundert und besonders in den Nachkriegsjahrzehnten. Hierzu gehören Hygieneprodukte wie das Toilettenpapier, Papiertaschentücher, Monatsbinden und Babywindeln. Und hierzu gehören Pappbecher und Wegwerfgeschirr, die eine erste Konjunktur beim Camping und bei Partys erlebten und eine zweite mit der Verbreitung des schnellen Essens. Die Wegwerfprodukte erfüllten unterschiedliche Konsumentenwünsche. Die Rasierklinge machte die Rasur bequemer und sicherer. Der Nylonstrumpf brachte das Frauenbein zur Geltung. Und die Filtertüte ermöglichte einfachen und bestmöglichen Kaffeegenuss. Besonders Produkte aus Kunststoff wurden zu Symbolen der Wegwerfgesellschaft wie die Plastiktüte.

Wer hat die Wegwerfgesellschaft herbeigeführt? Die Suche nach Tätern und Opfern und die gegenseitigen Schuldzuweisungen von Produzenten und Konsumenten sind müßig. Die Produzenten und Konsumenten wirkten bei der Entwicklung der Wegwerfgesellschaft einträchtig zusammen. Wegwerfgesellschaft, das war über lange Zeit ein gesellschaftlicher Konsens. Zwei Beispiele mögen die manchmal komplizierten Interaktionen zwischen Produzenten und Konsumenten illustrieren. (1) Die in den 1950er Jahren auf den Markt gebrachten Nylon- und Perlonstrümpfe waren außerordentlich empfindlich; die Laufmasche gehörte zum vieldiskutierten Schreckgespenst der Damenwelt. Nicht wenige Kundinnen forderten die Unternehmen auf, haltbarere Strümpfe herzustellen. Als Reaktion brachten 1962 zahlreiche Strumpffirmen laufmaschenfeste Strümpfe heraus. Diese wurden von den Kundinnen jedoch nicht angenommen, weil sie fester waren und schlechter am Bein saßen. Daraufhin verschwanden sie wieder von der Bildfläche. (2) Die auf dem Markt befindlichen Smartphones besitzen eine technische Haltbarkeit von etwa zehn Jahren. Dennoch mustern die Konsumenten die noch funktionstüchtigen Geräte nach zwei bis drei Jahren aus. Dabei spielt eine Rolle, dass die Hersteller ihre Kunden in kurzen Zeitabständen mit Geräten versorgen, die zusätzliche Funktionen und ein verändertes Äußere besitzen. Und darüber hinaus bieten üblicherweise die Provider einen Austausch der Smartphones nach zwei Jahren an.

Produzenten und Konsumenten sind also Täter und Opfer zugleich. Ihre Interessen ergänzen sich. Den Konsumenten gewähren die Wegwerfprodukte Komfort und Bequemlichkeit. Bei den Produzenten und dem Handel steigern sie Umsatz und Gewinn. Bei manchen Wegwerfprodukten mögen die Konsumenten anfangs noch Hemmungen gehabt haben, wie die Männer, welche die verbrauchten Rasierklingen aufbewahrten. Mit der Zeit wurde das Wegwerfen zur Routine und Normalität. Der Staat trat wenig in Erscheinung. Aber auch Wegwerf-Innovationen leisteten einen Beitrag zum wirtschaftspolitisch erwünschten Wachstum. Erst die Entdeckung der Umweltproblematik brachte ein Umdenken mit sich.

Welche Auswege aus der Wegwerfgesellschaft bieten sich an? Es gibt zahlreiche Graswurzelinitiativen, die ein gesteigertes Bewusstsein dokumentieren. So versorgen die »Tafeln« Bedürftige mit Lebensmitteln, die ansonsten weggeworfen würden. Tauschbörsen, Umsonstläden, Gebrauchtwarenmärkte, die Do-it-youself-Bewegung und Repair-Cafés suchen die Nutzung von Produkten zu verlängern. Manche als Selbsthilfe angelegte Initiativen sind inzwischen erfolgreich kommerzialisiert worden. Man denke an Airbnb, eBay und Car-Sharing. Dabei stellt sich die Frage, ob das kommerzielle Sharing zu weniger oder zu mehr Konsum führt. Es spricht Einiges dafür, dass das Sharing das Reisen und das Fahren erweitert und deswegen kontraproduktiv wirkt.

Die weiter bestehenden Graswurzelinitiativen besitzen vor allem eine symbolische Qualität. Sie führen das Streben nach längeren Nutzungszeiten vor Augen und realisieren die Lebensentwürfe der Teilnehmer. Ein Potential zur gesellschaftlichen Verallgemeinerung besitzen die Initiativen nicht. Auch in der Politik dominieren bis zur Gegenwart symbolische Handlungen gegen die Wegwerfgesellschaft. So werden Trinkhalme aus Plastik verboten, und die

Verwendung von Plastiktüten wird begrenzt; das Problem »Plastik« wird aber nicht grundsätzlich angegangen.

Eine Abkehr von der Wegwerfgesellschaft lässt sich in zwei einfache Handlungsanweisungen kleiden:
(1) Weniger produzieren, konsumieren und wegwerfen sowie
(2) Produkte länger nutzen.

Im Zusammenhang mit der Haltbarkeit der Produkte wird den Produzenten der Vorwurf der »geplanten Obsoleszenz« gemacht. Manche verbinden mit dem Begriff den Vorwurf, dass die Hersteller gezielt Schwachstellen in ihre Produkte einbauen, damit sie schneller kaputt gehen. Dieser Vorwurf ist unsinnig und ist vielfach zurückgewiesen worden. Versteht man unter »geplanter Obsoleszenz«, dass die meisten Produkte auf eine zu geringe Haltbarkeit ausgelegt sind, dann macht er mehr Sinn. Tatsächlich könnten die Hersteller ihre Produkte haltbarer herstellen, ihre Garantiezeiten verlängern und Reparaturen erleichtern.[1] Reparaturdienste und Reparaturberufe wie Schneider und Schuster wären zu fördern. Dagegen sind Umtauschaktionen Alt gegen Neu, wie sie in der Automobilindustrie durchgeführt wurden, kontraproduktiv. Bei der Produktion der Neuwagen wird die Umwelt in der Regel mehr belastet als durch die Altwagen in den Restlaufzeiten.

Eine Verlängerung der Haltbarkeit macht aber nur Sinn, wenn sie von den Konsumenten angenommen wird und diese nicht noch funktionstüchtige Produkte aussondern. Bei den Wegwerfprodukten werden die Konsumenten zu entscheiden haben, auf was sie bereit sind zu verzichten. Bei Produkten wie dem Kugelschreiber wird dies leicht fallen. Besonders bei Hygieneprodukten wiegen die Vorteile schwerer. Dennoch ist es so, dass kein Wegwerfprodukt unverzichtbar ist und überall Alternativen zur Verfügung stehen. Das reicht vom Stofftaschentuch und der Stoffwindel bis zur Handreinigung anstelle des Toilettenpapiers und bei der Menstruation zur Verwendung von Tassen oder der Praxis des »Free Bleeding«.

---

1   Vgl. für das Vereinigte Königreich Cooper, Longer Lasting Products.

Literatur

Alberts, Robert C.: The Good Provider: H. J. Heinz and his 57 Varieties. London 1974.

Anders, Günther: Die Antiquiertheit des Menschen. Über die Seele im Zeitalter der zweiten industriellen Revolution. München 1961 (zuerst 1956).

Anders, Günther: Die Antiquiertheit des Menschen. Bd 2: über die Zerstörung des Lebens im Zeitalter der dritten industriellen Revolution. München 1986.

Andersen, Arne: Der Traum guten Leben. Alltags- und Konsumgeschichte vom Wirtschaftswunder bis heute. Frankfurt, New York 1997.

Baier, Andrea u. a. (Hrsg.): Die Welt reparieren. Open Source und Selbermachen als postkapitalistische Praxis (Urban Studies). Bielefeld 2016.

Bala, Christian u. Schuldzinski, Wolfgang (Hrsg.): Pack ein, schmeiß' weg? Wegwerfkultur und Wertschätzung von Konsumgütern (Beiträge zur Verbraucherforschung 6). Düsseldorf 2017.

Behrendt, Siegfried u. a. (Hrsg.): Wiederverkaufskultur im Internet. Chancen für nachhaltigen Konsum am Beispiel von eBay. Heidelberg u. a. 2011.

Bettgenhaeuser, Richard: Die Industrien des Herzogtums Braunschweig (Veröffentlichungen der Handelskammer für das Herzogthum Braunschweig 1). Braunschweig 1899.

Bich, Laurence: Le Baron Bich. Un homme de pointe. Paris 2001.

Biltewski, Bernd u. Härdtle, Gerorg: Abfallwirtschaft. Handbuch für Praxis und Lehre. Berlin, Heidelberg ⁴2013.

Blättel-Mink, Birgit u. a.: Nachhaltigkeit im online gestützten Gebrauchtwarenhandel: empirische Befunde auf der subjektiven Ebene. In: Behrendt, Siegfried u. a. (Hrsg.): Wiederverkaufskultur im Internet. Chancen für nachhaltigen Konsum am Beispiel von ebay. Heidelberg u. a. 2011, S. 69–126.

Blechschmidt, Jürgen (Hrsg.): Altpapier. Regularien, Erfassung Aufbereitung, Maschinen und Anlagen, Umweltschutz. München 2011.

Bonsiepe, Gui: Analyse Taschenfeuerzeuge. form. Zeitschrift für Gestaltung 1966, S. 41–45.

Bovenschen, Silvia (Hrsg.): Die Listen der Mode (edition suhrkamp 1338). Frankfurt am Main 1986.

Boyd, William: Making Meat: Science, Technology and American Poultry Production. Technology and Culture 42 (2001), S. 631–64.

Brandt, Dierk u. a. (Bearb.): Wir – die Stadt – der Müll. Von der Wegwerf- zur Verwertgesellschaft. Handbuch und Planspiel. München 1986.

Bremerstein, Irina: Die Entwicklung und Arbeitsweise des Dualen Systems – insbesondere auf dem Gebiet der Sortierung von Leichtverpackungen. In: Ladwig, Roland (Hrsg.): Recycling in Geschichte und Gegenwart (Die Technikgeschichte als Vorbild moderner Technik 28. Schriftenreihe der Georg-Agricola-Gesellschaft zur Förderung der Geschichte der Naturwissenschaften und der Technik e. V.). Freiberg 2003, S. 127–43.

Brönneke, Tobias: Verkürzte Lebensdauer von Produkten aus Sicht der Rechtswissenschaften. In: Brönneke, Tobias u. Wechsler Andrea (Hrsg.): Obsoleszenz interdisziplinär. Vorzeitiger Verschleiß aus Sicht von Wissenschaft und Praxis (Schriftenreihe des Instituts für Europäisches Wirtschafts- und Verbraucherrecht e. V. 37). Baden-Baden 2015, S. 185–203.

Brönneke, Tobias u. Wechsler Andrea (Hrsg.): Obsoleszenz interdisziplinär. Vorzeitiger Verschleiß aus Sicht von Wissenschaft und Praxis (Schriftenreihe des Instituts für Europäisches Wirtschafts- und Verbraucherrecht e. V. 37). Baden-Baden 2015.

Buck, Susanne: »Gewirkte Wunder, hauchzarte Träume« Von Frauenbeinen und Perlonstrümpfen. Marburg 1996.

Bünemann, Agnes: Duales System Deutschland. Ein Rückblick über die Entwicklung in Deutschland. In: Kurth, Peter (Hrsg.) Ressource Abfall. Politische und wirtschaftliche Betrachtungen anlässlich des 50-jährigen Bestehens des BDE. Neuruppin 2011, S. 11–31.

Bünemann, Agnes u. Rachut, Gunda: Der Grüne Punkt. Eine Versuchung der Wirtschaft (Umwelt Aktuell). Karlsruhe 1993.

Bundesministerium für Ernährung und Landwirtschaft (BMEL): Jedes achte Lebensmittel, das wir kaufen, werfen wir weg. Du kannst das ändern. Berlin 2014.

Burkart, Günter: Individuelle Mobilität und soziale Integration. Zur Soziologie des Automobilismus. Soziale Welt 45 (1994), S. 216–41.

Clausen, Jens u. a.: Der Gebrauchtwarenhandel: Ein Marktüberblick. In: Behrendt, Siegfried u. a. (Hrsg.): Wiederverkaufskultur im Internet. Chancen für nachhaltigen Konsum am Beispiel von ebay. Heidelberg u. a. 2011, S. 43–67.

Cooper, Tim (Hrsg.): Longer Lasting Products: Alternatives to the Throwaway Society. Farnham, Burlington, VT, 2010.

Cordella, Mauro u.a.: Evolution of Disposable Baby Diapers in Europe: Life Cycle Assessment of Environment Impacts and Identification of Key Areas of Improvement. Journal of Cleaner Production 95 (2015), S. 322–31.

Corn, Joseph J.: The Winged Gospel: America's Romance with Aviation, 1900–1950. New York 1983.

Derwanz, Heide: Zwischen Kunst, Low-Budget und Nachhaltigkeit. Kleidungsreparatur in Zeiten von Fast Fashion. In: Krebs, Stefan u.a. (Hrsg.) Kultur des Reparierens. Dinge – Wissen – Praktiken (Edition Kulturwissenschaft 133). Bielefeld 2018, S. 197–224.

Döring, Friedrich-Wilhelm: Vom Konfektionsgewerbe zur Bekleidungsindustrie. Zur Geschichte von Technisierung und Organisierung der Massenproduktion von Bekleidung (Europäische Hochschulschriften. Reihe III: Geschichte und ihre Hilfswissenschaften 530). Frankfurt am Main u.a. 1992.

Dowling, Tim: Inventor of the Disposable Culture: King Camp Gillette 1855–1932. London 2001.

Ebbertz, Lothar: Die Konzentration im Braugewerbe der Bundesrepublik Deutschland (Europäische Hochschulschriften. Reihe V· Volks- und Betriebswirtschaft 1293). 2. Bde., Frankfurt am Main u.a. 1992.

Edelmann, Heidrun: Vom Luxusgut zum Gebrauchsgegenstand. Die Geschichte der Verbreitung von Personenkraftwagen in Deutschland (Schriftenreihe des Verbandes der Automobilindustrie e. V. (VDA) 60). Frankfurt am Main 1989.

Edgerton, David: The Shock of the Old. Technology and Global History since 1900. London 2006.

Enzyklika Laudato Si' von Papst Franziskus. Über die Sorge für das gemeinsame Haus. Freiburg 2015.

Eurich, Claus u. Würzberg, Gerd: 30 Jahr Fernsehalltag. Wie das Fernsehen unser Leben verändert hat. Reinbek bei Hamburg 1983.

Falke, Franz-Otto (Hrsg.): Die Entwicklung der deutschen Feinstrumpfindustrie nach 1945. Dokumentation. Schmallenberg 2015 (Ms.).

Fischer, Wolfram u.a.: Sozialgeschichtliches Arbeitsbuch. Bd. 1: Materialien zur Statistik des Deutschen Bundes 1815–1870 (Statistische Arbeitsbücher zur neueren deutschen Geschichte). München 1982.

Flick-Werk. Reparieren und Umnutzen in der Alltagskultur. Begleitheft zur Ausstellung im Württembergischen Landesmuseum Stuttgart v. 15. Oktober bis 15. Dezember 1983. Stuttgart 1983.

Forschung und Innovation für die Menschen. Die Hightech-Strategie 2025. Berlin 2018.

Fotiadis, Fokion u.a.: Konsum- und Innovationsverhalten in der Bundesrepublik Deutschland seit den fünfziger Jahren. Bd. 1: Bestimmungsgründe des Konsumverhaltens. Eine theoretische und empirische Analyse konjunktureller und struktureller Aspekte (Schriftenreihe des IFO-Instituts für Wirtschaftsforschung 105). Berlin 1980.

Freyer, Hans: Schwelle der Zeiten. Beiträge zur Soziologie der Kultur. Stuttgart 1965.

Friedel, Robert: Pioneer Plastic: The Making and Selling of Celluloid. Madison, Wisc., 1983.

Fromm, Erich: Haben oder Sein. Die seelischen Grundlagen einer neuen Gesellschaft. München 1979 (zuerst englisch 1976).

Fuchs, Thomas: »Einst ein mühsam Walten, jetzt ein schnelles Schalten«. In: Andritzky, Michael (Hrsg.): Oikos. Von der Feuerstelle zur Mikrowelle. Haushalt und Wohnen im Wandel. Katalogbuch zur Ausstellung. Gießen 1992, S. 124–32.

50 Jahre Werbeartikel in Deutschland (WA Special 1). Hrsg. v. Kruse, Horst. Nettetal 1996.

Furrer, Daniel: Wasserthron und Donnerbalken. Eine kleine Kulturgeschichte des stillen Örtchens. Darmstadt 2004.

Garenfeld, Barbro u. Geyer, Dietmar (Hrsg.): The Ultimate Book of Pens. Das grosse Buch der Schreibkultur. Potsdam 2010.

Gass, Franz Ulrich: Cellophan. Erfindung und Welterfolg. Hrsg. zum 50jährigen Arbeitsjubiläum von Adolf Todt bei der Kalle & Co. AG, Wiesbaden-Biebrich 23./30. Juni 1956. Wiesbaden-Biebrich 1956.

Gather, Matthias: Hundert Jahre Müllnotstand. Der lange Weg wiederkehrender Ratlosigkeit in Frankfurt am Main. Die alte Stadt 4 (1991), S. 358–69.

Geplante Obsoleszenz. Gekauft, gebraucht, kaputt – vom viel zu kurzen Leben vieler Produkte. Hrsg. v. der Bundestagsfraktion Bündnis 90/Die Grünen. Berlin 2014.

Geschichte der Pergamentpapierfabrikation: Chronologische Studie von einem alten Fachmann. Wochenblatt für Papierfabrikation 63 (1932), Nr. 23A, S. 37–41, 570–72 u. 675–79.

Gesellschaft für Konsumforschung: Systematische Erfassung von Lebensmittelabfällen der privaten Haushalte in Deutschland. Schlussbericht zur Studie durchgeführt für das Bundesministerium für Ernährung und Landwirtschaft. Nürnberg 2017.

Glatzer, Wolfgang u.a.: Haushaltstechnisierung und gesellschaftliche Arbeitsteilung. Frankfurt, New York 1991.

Gnegel, Frank: Bart ab. Zur Geschichte der Selbstrasur. Begleitbuch zur gleichnamigen Wanderausstellung des Landschaftsverbandes Westfalen-Lippe – Westfälisches Museumsamt, Münster. Hrsg. v. Westfälischen Museumsamt, Münster u. Kriegeskorte, Michael. Köln 1995.

Goodrum, Charles u. Dalrymple, Helen: Advertising in America: The First 200 Years. New York 1990.

Greber, Josef: Das Schuhmacherhandwerk in der fortgeschrittenen Industriegesellschaft. Diss. Köln 1963.

Grefermann, Klaus: Globalisierung und Konzentration: Die Papierindustrie im Wandel (ifo Studien zur Industriewirtschaft 53). München 1997.

Grefermann, Klaus: Papier- und Pappeverarbeitung. Strukturwandlungen und Entwicklungsperspektiven (IFO-Institut für Wirtschaftsforschung. Struktur und Wachstum, Reihe Industrie 41). Berlin. München 1986.

Grefermann, Klaus: Papierverarbeitung und Druckerei-Industrie aus der Sicht der siebziger Jahre (IFO-Institut für Wirtschaftsforschung. Struktur und Wachstum, Reihe Industrie 22). Berlin. München 1973.

Grefermann, Klaus u.a.: Die Recycling-Industrie in Deutschland (ifo Studien zur Industriewirtschaft 58). München 1998.

Grewe, Maria: Reparaturcafés als Infrastrukturen der Nachhaltigkeit. Gemeinschaftliches Reparieren zwischen sozialer Praxis und Protest. In: Kannengießer, Sigrid u. Weller, Ines (Hrsg.): Konsumkritische Projekte und Praktiken. Interdisziplinäre Perspektiven auf gemeinschaftlichen Konsum. München 2018, S. 105–17.

Grewe, Maria: Teilen, Reparieren, Mülltauchen. Kulturelle Strategien im Umgang mit Knappheit und Überfluss. Bielefeld 2017.

Gries, Rainer, Produkte als Medien. Kulturgeschichte der Produktkommunikation in der Bundesrepublik und der DDR. Leipzig 2003.

Das große Wegschmeissen. Vom Acker bis zum Verbraucher: Ausmaß und Umwelteffekte der Lebensmittelverschwendung in Deutschland. Hrsg. v. WWF Deutschland. O. O. 2015.

Gundelach, Herlind: Die Einführung der Verpackungsverordnung – eine Pioniertat. In: Kurth, Peter (Hrsg.): Ressource Abfall. Politische und wirtschaftliche Betrachtungen anlässlich des 50-jährigen Bestehens des BDE. Neuruppin 2011, S. 9–16.

Hahn, Carl H. u. Kirchberg, Peter: DKW Hahn. Ein Manager und Unternehmer der deutschen Kraftfahrzeugindustrie. Chemnitz 2016.

Hampe, Edward C. Jr. u. Wittenberg, Merle: The Lifeline of America: Development of the Food Industry. New York u.a. 1964.

Heckl, Wolfgang M.: Die Kultur der Reparatur. München 2013.

Hegnsholt, Esben u.a.: Tackling the 1.6-Billion-Ton Food Loss and Waste Crisis. www.beg.com/publications/2018/tackling …

Heimbach-Steins, Marianne u. Schlacke, Sabine (Hrsg.): Die Enzyklika Laudato si. Ein interdisziplinärer Nachhaltigkeitsansatz? Baden-Baden 2019.

Heinrich, Thomas u. Batchelor, Bob: Kotex, Kleenex, Huggies: Kimberly-Clark and the Consumer Revolution in American Business (Historical Perspectives on Business Enterprise). Columbus 2004.

Hering, Sabine u. Maierhof, Gudrun: Die unpäßliche Frau. Sozialgeschichte der Menstruation und Hygiene 1860–1895. Pfaffenweiler 1991.

Heßler, Martina: Ver»dinglichte« Technikkritik. Zum Recycling-Design der 1970er Jahre. Technikgeschichte 76 (2009), S. 255–76.

Heßler, Martina: Wegwerfen. Zum Wandel des Umgangs mit Dingen. Zeitschrift für Erziehungswissenschaft Sonderheft 25 (2013), S. 253–66.

Heuss-Aßbichler, Soraya u. Rettenberger, Gerhard: Geschichte der Deponie – ist Deponie Geschichte? In: Kersten, Jens (Hrsg.): Inwastement – Abfall in Umwelt und Gesellschaft (Kulturen der Gesellschaft 16). Bielefeld 2016, S. 109–30.

Hirschl, Bernd u. a.: Nachhaltige Produktnutzung. Sozial-ökonomische Bedingungen und ökologische Vorteile alternativer Konsumformen. Berlin 2001.

Historical Statistics of the United States. Colonial Times to 1970. 2 Bde., Washington, D. C., 1975.

Hösel, Gottfried: Unser Abfall aller Zeiten. Eine Kulturgeschichte der Städtereinigung. München 1987.

Hofstädter, Carmen: Alte Waren neu entdeckt. Das Geschäfte der Wiederverwendung. Saarbrücken 2016.

Hornbostel, Wilhelm u. Jockel, Nils (Hrsg.): Automatenwelten. FreiZeitzeugen des Jahrhunderts. München, New, York 1998.

Horowitz, Roger: Making the Chicken of Tomorrow: Reworking Poultry as Commodities and as Creatures, 1945–1990. In: Schrepfer, Susan R. u. Scranton, Philip (Hrsg.): Industrializing Organisms: Introducing Evolutionary History (Hagley Perspectives on Business and Culture 5). New York, London 2004, S. 215–35.

Hounshell, David A.: From the American System to Mass Production, 1800–1932. The Development of Manufacturing Technology in the United States (Studies in Industry and Society). Baltimore, London ³1987.

Hounshell, David A. u. Smith, John Kenly: Science and Corporate Strategy. Du Pont R & D, 1902–1980 (Studies in Economic History and Policy. The United States in the Twentieth Century). Cambridge u. a. 1988.

Hubert, Eva-Maria: Tauschringe und Marktwirtschaft. Eine ökonomische Analyse lokaler Komplementärökonomien (Beiträge zur Verhaltensforschung 43). Berlin 2004.

Huchting, Friedrich: Abfallwirtschaft im Dritten Reich. Technikgeschichte 48 (1981), S. 252–73.

Hülsenbeck, Annette: Schneidern und Nähen. Entwicklungsgeschichte der Bekleidungsherstellung. In: Schütte, Ilse (Hrsg.): Technikgeschichte als Geschichte der Arbeit. Die historisch-genetische Methode in Technikunterricht und Arbeitslehre. Bad Salzdetfurth 1981, S. 254–83.

Hütz-Adams, Friedel: Kleider machen Beute. Deutsche Altkleider vernichten afrikanische Arbeitsplätze. Eine Studie. Siegberg ²1996.

Huning, Alois: Deutungen vom 19. Jahrhundert bis zur Gegenwart. In: Rapp, Friedrich (Hrsg.): Technik und Philosophie (Technik und Kultur 1). Düsseldorf 1990, S. 41–95.

Huxley, Aldous: Schöne Neue Welt. Ein Roman der Zukunft. Frankfurt am Main 2015 (zuerst englisch 1932).

Institut für Produktanalyse und Umwelt (Hrsg.): Produktlinienanalyse Babywindeln, eine vergleichende Untersuchung von Baumwoll- und Höschenwindeln. Bearb. v. Bast, Wolf-Achim u. Diehl, Silvia. Klein-Umstadt 1991.

Jaspers, Karl: Die geistige Situation der Zeit. Berlin ⁵1932 (zuerst 1931).

Joerges, Bernward: Berufsarbeit, Konsumarbeit, Freizeit. Zur Sozial- und Um-
weltverträglichkeit einiger struktureller Veränderungen in Produktion und
Konsum. Soziale Welt 32 (1981), S. 168–95.

Kannengießer, Sigrid: Repair Cafés: Orte gemeinschaftlich-konsumkritischen
Handelns. In: Krebs, Stefan u.a. (Hrsg.): Kulturen des Reparierens. Dinge –
Wissen – Praktiken (Edition Kulturwissenschaft 133). Bielefeld 2018, S. 283–
301.

Kaufman, M.: The First Century of Plastics. Celluloid and Its Sequel. London
1973.

Klenke, Dietmar: Bundesdeutsche Verkehrspolitik und Motorisierung. Kon-
fliktträchtige Weichenstellungen in den Jahren des Wiederaufstiegs (Zeitschrift für Unternehmensgeschichte. Beiheft 79). Stuttgart 1993.

Klenke, Dietmar: »Freier Stau für freie Bürger«. Die Geschichte der bundesdeutschen Verkehrspolitik 1949–1994. Darmstadt 1995.

Klocke, Andreas u. Spellerberg, Annette: Als Zweiter Hand. Eine sozialwissen-
schaftliche Untersuchung über den Second-Hand-Markt in Berlin/West
(Berlin Forschung 23). Berlin 1990.

Knisch, Harald: Müllexporte. Entsorgung auf Kosten der Armen (Entwicklungsperspektiven). Kassel 1991.

König, René: Menschheit auf dem Laufsteg. Die Mode im Zivilisationsprozeß.
München, Wien 1985.

König, Wolfgang: Geschichte der Konsumgesellschaft (Vierteljahrschrift für
Sozial- und Wirtschaftsgeschichte. Beihefte 154). Stuttgart 2000.

König, Wolfgang: Kleine Geschichte der Konsumgesellschaft. Stuttgart ²2013
(zuerst 2008).

König, Wolfgang: Das Kondom. Zur Geschichte der Sexualität vom Kaiserreich
bis in die Gegenwart (Vierteljahrschrift für Sozial- und Wirtschaftsgeschichte. Beihefte 237). Stuttgart 2016.

Köster, Roman: Abschied von der »verlorenen Verpackung«. Das Recycling
von Hausmüll in Westdeutschland 1945–1990. Technikgeschichte 81 (2014),
S. 33–60.

Köster, Roman: Hausmüll. Abfall und Gesellschaft in Westdeutschland 1945–
1990 (Umwelt und Gesellschaft). Göttingen 2017.

Köster, Roman: Hausmüll, Industriemüll. In: Kersten, Jens (Hrsg.): Inwastement – Abfall in Umwelt und Gesellschaft (Kulturen der Gesellschaft 16).
Bielefeld 2016, S. 29–53.

Köster, Roman: Müllmengen. In: Pech, Dorothee u. Spiegel, Beate (Hrsg.): Sparen, Verschwenden, Wiederverwenden. Vom Wert der Dinge (Schriftenreihe des Bezirks Schwaben 56). Oberschönenfeld 2017, S. 16–27.

Köster, Roman: Waste to Assets: How Household Waste Recycling Evolved in West Germany. In: Oldenziel, Ruth u. Trischler, Helmuth (Hrsg.): Cycling and Recycling. History of Sustainable Practices (The Environment in History: International Perspectives 7). New York, Oxford 2016, S. 168–82.

Köstering, Susanne u. Rüb, Renate (Hrsg.): Müll von gestern? Eine umweltgeschichtliche Erkundung in Berlin und Umgebung 1880–1945. Berlin 1993.

Krajewski, Markus: Fehler-Planungen. Zur Geschichte und Theorie der industriellen Obsoleszenz. Technikgeschichte 81 (2014), S. 91–114.

Kramer, Klaus: Das private Hausbad 1850–1950 und die Entwicklung des Sanitärhandwerks. Texte und Materialien zur Ausstellung im Hansgrohe Museum Wasser, Bad, Design, Schiltach/Schwarzwald (Hansgrohe Schriftenreihe 1). Schiltach 1997.

Krauert, M. u. a.: Ermittlung der weggeworfenen Lebensmittelmengen und Vorschläge zur Verminderung der Wegwerfrate bei Lebensmitteln in Deutschland. Stuttgart 2012.

Krebs, Stefan u. a. (Hrsg.): Kulturen des Reparierens. Dinge – Wissen – Praktiken (Edition Kulturwissenschaft 133). Bielefeld 2018.

Kreiß, Christian: Geplanter Verschleiß. Wie die Industrie und zu immer mehr und immer schnellerem Konsum antreibt – und wie wir uns dagegen wehren können. Berlin 2014.

Kreutzberger, Stefan u. Thurn, Valentin: Die Essensvernichter. Warum die Hälfte aller Lebensmittel im Müll landet und wer dafür verantwortlich ist. Köln ²2011.

Ladwig, Roland (Hrsg.): Recycling in Geschichte und Gegenwart (Die Technikgeschichte als Vorbild moderner Technik 28. Schriftenreihe der Georg-Agricola-Gesellschaft zur Förderung der Geschichte der Naturwissenschaften und der Technik e. V.). Freiberg 2003.

Lasi, Margherita: Wie Gerissenes wieder hinreißend wird. Spektrum der Wissenschaft 2012, April, S. 93.

Lassotta, Arnold: »Wieder schön sein«. Neuaufbau der (west-)deutschen Strumpfindustrie. industrie-kultur 13 (2007), Heft 1, S. 10–12.

Leighty, Anke u. Heinisch, Jürgen: Verbrauch von Getränken in Mehrweg- und ökologisch vorteilhaften Einweggetränkeverpackungen (Umweltbundesamt. Texte 46). Dessau-Roßlau 2018.

Leinfelder, Reinhold u. Haum, Rüdiger: Ozeane. In: Kersten, Jens (Hrsg.): Inwastement – Abfall in Umwelt und Gesellschaft (Kulturen der Gesellschaft 16). Bielefeld 2016, S. 153–79.

Lenger, Friedrich: Sozialgeschichte der deutschen Handwerker seit 1800 (Neue Historische Bibliothek). Frankfurt am Main 1988.

Lenger, Friedrich: Handwerk, Handel, Industrie. Zur Lebensfähigkeit des Düsseldorfer Schneiderhandwerks in der zweiten Hälfte des 19. Jahrhunderts. In: Wengenroth, Ulrich (Hrsg.): Prekäre Selbständigkeit. Zur Standortbestimmung von Handwerk, Hausindustrie und Kleingewerbe im Industrialisierungsprozeß (Veröffentlichungen des Instituts für Europäische Geschichte Mainz, Abteilung Universalgeschichte. Beiheft 31). Stuttgart 1989, S. 71–91.

Lentz, Roland u. a.: Vergleichende Umweltbilanzen für Produkte am Beispiel von Höschen- und Baumwollwindeln. Stellt die Anwendung von Baumwollwindeln statt Höschenwindeln eine geringere Umweltbelastung dar? In: Schenkel, Werner u. Thomé-Kozmiensky, Karl J. (Hrsg.): Konzepte in der Abfallwirtschaft 2. Berlin 1989, S. 367–91.

Lexikon der Werbeartikel und Mittel der Verkaufsförderung. Hrsg. v. der Kurt Schumacher GmbH. Hofheim/Taunus 1993.

Lindemann, Carmelita: Verbrennung oder Verwertung. Müll als Problem um die Wende vom 19. zum 20. Jahrhundert. Technikgeschichte 59 (1992), S. 91–107.

Lischka, Helena M.: »Ich habe ja was gegen die Wegwerfkultur, aber …«. Eine empirische Analyse der Einflußfaktoren auf die Diskrepanz zwischen Einstellung und Verhalten am Beispiel von Konsumgütern. In: Bala, Christian u. Schuldzinski, Wolfgang (Hrsg.): Pack ein, schmeiß' weg? Wegwerfkultur und Wertschätzung von Konsumgütern (Beiträge zur Verbraucherforschung 6). Düsseldorf 2017, S. 53–79.

Lorenz, Stephan (Hrsg.): TafelGesellschaft. Zum neuen Umgang mit Überfluss und Ausgrenzung. Bielefeld 2010.

Ludmann, Sabrina: Ökologie des Teilens. Bilanzierung der Umweltwirkungen des Peer-to-Peer Sharing (PeerSharing Arbeitsbericht 8). Heidelberg 2018.

Luxbacher, Günther: Die 1000-Stunden-Frage. Die andere Seite der Massenproduktion: Reparatur, Austauschbau, Lebensdauer und die Anfänge der Gebrauchtwertforschung technischer Konsumgüter. In: Bluma, Lars u. a. (Hrsg.): Technikvermittlung und Technikpopularisierung. Historische und didaktische Perspektiven (Cottbuser Studien zur Geschichte von Technik, Arbeit und Umwelt 23). Münster u. a. 2004, S. 103–20.

Madhaven, Guru: Applied Minds: How Engineers Think. New York, London 2015.

Mai, Silvia C. E.: Mit Haupt und Haar. Die Entstehung des Friseurhandwerks unter Einbeziehung seiner Entwicklung in Münster. Münster, New York 1995.

Marschall, Luitgard: Aluminium. Metall der Moderne (Stoffgeschichten 4). München 2008.

Mazur, Jeannie: Die ›schwedische‹ Lösung. Eine kultursemiotisch orientierte Untersuchung der IKEA-Werbespots in Deutschland. Würzburg 2013.

Mc Kibben, Gordon: Cutting Edge: Gillette's Journey to Global Leadership. Boston, Mass., 1998.

Meier, Werner: Der Kugelschreiber – Pret-a-porter der Schreibgeräte. Die Geschichte eines Alltagsprodukts. Erlangen-Tennenlohe 1999.

Meikle, Jeffrey L.: American Plastic: A Cultural History. New Brunswick, N. J., 1995.

Melosi, Martin V.: Garbage in the Cities: Refuse, Reform, and the Environment, 1880–1980 (Environmental History Series 4). College Station, Texas, 1981.

Melosi, Martin V. (Hrsg.): Pollution and Reform in American Cities, 1870–1930. Austin, Texas, London 1980.

Melosi, Martin V.: The Sanitary City: Urban Infrastructure in America from Colonial Times to the Present (Creating the North American Landscape). Baltimore, London 2000.

Meyer-Schneidewind, Mechthild u. Sauerbier, Ilona: Strümpfe. Mode, Markt und Marketing. Frankfurt am Main 1992.

Miller, Arthur: Death of a Salesmen. In: Arthur Miller's Collected Plays. New York 1957, S. 129–222 (zuerst 1949).

Münch, Peter: Stadthygiene im 19. und 20. Jahrhundert. Die Wasserversorgung, Abwasser- und Abfallbeseitigung unter besonderer Berücksichtigung Münchens (Schriftenreihe der Historischen Kommission bei der Bayerischen Akademie der Wissenschaften 49). Göttingen 1993.

Nast, Matthias: Die stummen Verkäufer. Lebensmittelverpackungen im Zeitalter der Konsumgesellschaft. Umwelthistorische Untersuchung über die Entwicklung der Warenpackung und den Wandel der Einkaufsgewohnheiten (1950er bis 1990er Jahre) (Europäische Hochschulschriften. Reihe 3: Geschichte und ihre Hilfswissenschaften 759). Bern 1997.

Neckermann, Josef: Erinnerungen. Aufgezeichnet v. Karin Weingart u. Harvey T. Rowe. Frankfurt/Main, Berlin 1990.

Noelle-Neumann, Elisabeth u.a. (Hrsg.): Das Fischer Lexikon Publizistik/ Massenkommunikation. Frankfurt am Main 1994.

Nölting, Claudia: Von Menschen, Maschen und Maschinen. Eine bilderreiche Geschichte der Sauerländer Strümpfe. Schmallenberg-Holthausen 1995.

Norris, James D.: Advertising and the Transformation of American Society, 1865–1920 (Contributions in Economics and Economic History 110). New York u.a. 1990.

Nye, David. E.: Consuming Power: A Social History of American Energies. Cambridge, Mass., London 1998.

Ohlwein, Martin: Märkte für gebrauchte Güter. Wiesbaden 1999.

Oldenziel, Ruth u. Weber, Heike: Introduction: Reconsidering Recycling. Contemporary European History 22 (2013), S. 347–70.

Packard, Vance: Die große Verschwendung (The Waste Makers). Düsseldorf 1961 (zuerst englisch 1960).

Packard, Vance: The Waste Makers. New York 1960.

Papanek, Victor: Das Papanek-Konzept. Design für eine Umwelt des Überlebens (München 1972 (zuerst schwedisch 1970).

Park, Jinhee: Von der Müllkippe zur Abfallwirtschaft. Die Entwicklung der Hausmüllentsorgung in Berlin (West) von 1945 bis 1990. Diss. TU Berlin 2003.

Petroski, Henry: The Pencil: A History of Design and Circumstance. New York 1990.

Polster, Werner u. Voy, Klaus: Eigenheim und Automobil. Materielle Fundamente der Lebensweise. In: Voy, Klaus u.a. (Hrsg.): Gesellschaftliche Transformationsprozesse und materielle Lebensweise (Beiträge zur Wirtschafts- und Gesellschaftsgeschichte der Bundesrepublik Deutschland (1949–1989) 2). Marburg 1991, S. 263–320.

Pope, Daniel: The Making of Modern Advertising. New York 1983.

Poppe, Erik: Reparaturpolitik in Deutschland. Zwischen Produktverschleiß und Ersatzteilnot. Sustainum – Institut für zukunftsfähiges Wirtschaften. Im Auftrag von: Vangerow GmbH. Berlin ²2014.

Prakash, Siddharth u.a.: Einfluss der Nutzungsdauer von Produkten auf ihre Umweltwirkung: Schaffung einer Informationsgrundlage und Entwicklung von Strategien gegen »Obsoleszenz« (Umweltbundesamt. Texte 11/2016). Dessau-Roßlau 2016.

Prakash, Siddharth u.a.: Einfluss der Nutzungsdauer von Produkten auf ihre Umweltwirkung: Schaffung einer Informationsgrundlage und Entwicklung von Strategien gegen »Obsoleszenz«. Zwischenbericht: Analyse der Entwicklung der Lebens-, Nutzungs- und Verweildauer von ausgewählten Produktgruppen (Umweltbundesamt. Texte 10/2015). Dessau-Roßlau 2015.

Primus, Hubertus: Qualität und Verschleiß aus der Sicht vergleichender Warentests. In: Brönnecke, Tobias u. Wechsler, Andrea (Hrsg.): Obsoleszenz interdisziplinär. Verschleiß aus Sicht von Wissenschaft und Praxis (Schriftenreihe des Instituts für Europäisches Wirtschafts- und Verbraucherrecht e. V. 37). Baden-Baden 2015, S. 39–47.

Quartey, Peter: The Textile and Clothing Industry in Ghana. In: Jauch, Herbert u. Traub-Merz, Rudolf (Hrsg.): The Future of the Textile and Clothing Industry in Sub-Saharan Africa. Bonn 2006, S. 135–46.

Rathenau, Walther: Von kommenden Dingen (Gesammelte Schriften 3). Berlin 1918.

Rathje, William u. Murphy, Cullen: Müll. Eine archäologische Reise durch die Welt des Abfalls. München 1994 (zuerst englisch 1992).

Recyclingpapier-Report 2015. Aktive Sektoren für Ressourcenschutz. Eine Bilanz anlässlich des 15-jährigen Bestehens der Initiative Pro Recyclingpapier. Berlin 2015.

Reith, Reinhold: Recycling. Stoffströme in der Geschichte. In: Hahn, Sylvia u. Reith, Reinhold (Hrsg.): Umwelt-Geschichte. Arbeitsfelder, Forschungsansätze, Perspektiven (Querschnitte. Einführungstexte zur Sozial-, Wirtschafts- und Kulturgeschichte 8). Wien, München 2001, S. 99–121.

Reith, Reinhold: Reparieren. Ein Thema der Technikgeschichte. In: Reith, Reinhold u. Schmidt, Dorothea (Hrsg.): Kleine Betriebe – angepaßte Technologie? Hoffnungen, Erfahrungen und Ernüchterungen aus sozial- und technikhistorischer Sicht (Cottbuser Studien zur Geschichte von Technik, Arbeit und Umwelt 18). Münster u.a. 2002, S. 139–61.

Reubel-Ciani, Theo: Der Katalog. Konsumkultur, Zeitgeist und Zeitgeschichte im Spiegel der Quelle-Kataloge 1927–1991. Dokumentation zum 80. Geburtstag von Frau Grete Schickedanz, Fürth, 20. Oktober 1991. Fürth 1991.

Reuß, Jürgen u. Dannoritzer, Cosima: Kaufen für die Müllhalde. Das Prinzip der geplanten Obsoleszenz. Freiburg 2013.

Rieger, Antje: Baumwollwindeln und Einwegwindeln aus abfalltechnischer Sicht (Studienreihe Abfall now 12). Stuttgart 1993.

Röper, Burckhardt: Gibt es geplanten Verschleiß? Untersuchungen zur Obsoleszenzthese (Kommission für wirtschaftlichen und sozialen Wandel 137). Göttingen 1976.

Rossmann, Dirk u. a.: »… dann bin ich auf den Baum geklettert«. Von Aufstieg, Mut und Wandel. München 2018.

Roth, Eugen: Das kleine Buch vom Taschentuch. Nürnberg 1954.

Sachs, Wolfgang: Die Liebe zum Automobil. Ein Rückblick in die Geschichte unserer Wünsche. Reinbek bei Hamburg 1984.

Salem, Samia: Das Verwendungsspektrum synthetischer Fasern in Deutschland 1934–1955. Projektionen und Marktentwicklung. Magisterarbeit TU Berlin 2006.

Schmidt, Frieder u. Sobek, Elke (Bearb.): Internationale Bibliographie zur Papiergeschichte (IBP): Berichtszeit bis einschließlich Erscheinungsjahr 1996. 4 Bde., München 2003.

Panati, Charles: Universalgeschichte der ganz gewöhnlichen Dinge (Die andere Bibliothek). Frankfurt am Main 1994 (zuerst englisch 1987).

Schmidt-Bachem, Heinz: Aus Papier. Eine Kultur- und Wirtschaftsgeschichte der Papier verarbeitenden Industrie in Deutschland. Berlin, Boston 2011.

Schmidt-Bachem, Heinz: Tüten, Beutel, Tragetaschen. Zur Geschichte der Papier, Pappe und Folien verarbeitenden Industrie in Deutschland. Münster u. a. 2001.

Schmidt-Bleek, Friedrich (Hrsg.): Der ökologische Rucksack. Wirtschaft für eine Zukunft mit Zukunft. Stuttgart, Leipzig 2004.

Schmidt-Bleek, Friedrich: Wieviel Umwelt braucht der Mensch? Faktor 10 – das Maß für ökologisches Wirtschaften. München 1997.

Schnierer, Thomas: Modewandel und Gesellschaft. Die Dynamik von »in« und »out«. Opladen 1995.

Schnorbusch, Daniel: Auf Messers Schneide. Ein Streifzug durch die Geschichte der Rasiertechnik. Kultur & Technik 2006, Heft 1, S. 10.

Schöllgen, Gregor: Gustav Schickedanz 1895–1977. Biographie eines Revolutionärs. Berlin 2010.

Scholl, Gerd u. a.: Peer-to-Peer Sharing. Definition und Bestandsaufnahme (PeerSharing Arbeitsbericht 19). Berlin 2015.

Schridde, Stefan: Murks? Nein Danke! Was wir tun können, damit die Dinge besser werden. München 2014.

Schroeder, Roland: Papierverarbeitung und Druckerei-Industrie (IFO-Institut für Wirtschaftsforschung. Struktur und Wachstum, Reihe Industrie 12). Berlin, München 1965.

Schüler, Kurt: Aufkommen und Verwertung von Verpackungsabfällen in Deutschland im Jahr 2016 (Umweltbundesamt. Texte 58). Dessau-Roßlau 2018.

60 Jahre Camelia. Eine Marke macht Karriere. Hrsg. v. d. Vereinigten Papierwerken AG, Nürnberg. Nürnberg 1986.

Silberzahn-Jandt, Gudrun: Wasch-Maschine. Zum Wandel von Frauenarbeit im Haushalt. Marburg 1991.

Simmel, Georg: Die Frau und die Mode. In Simmel, Georg: Aufsätze und Abhandlungen 1901–1908. Hrsg. v. Alessandro Cavalli u. Volkhard Krech (Gesamtausgabe 8). Frankfurt am Main 1993, S. 344–47 (zuerst 1908).

Simmel, Georg: Zur Psychologie der Mode. Soziologische Studie. In: Simmel, Georg: Aufsätze und Abhandlungen 1894 bis 1900. Hrsg. v. Heinz-Jürgen Dahme u. David P. Frisby (Gesamtausgabe 5). Frankfurt am Main 1992, S. 105–14 (zuerst 1895).

Slade, Giles: Made to Break: Technology and Obsolescence in America. Cambridge, MA, London 2006.

Sombart, Werner: Der moderne Kapitalismus. Historisch-systematische Darstellung des gesamteuropäischen Wirtschaftslebens von seinen Anfängen bis zur Gegenwart. Bd. 3: Das Wirtschaftsleben im Zeitalter des Hochkapitalismus. Berlin 1955 (zuerst 1927).

Spiekermann, Uwe: Basis der Konsumgesellschaft. Entstehung und Entwicklung des modernen Kleinhandels in Deutschland 1850–1914 (Schriftenreihe zur Zeitschrift für Unternehmensgeschichte 3). München 1999.

Statistisches Bundesamt (Hrsg.): Datenreport 5. Zahlen und Fakten über die Bundesrepublik Deutschland 1991/92. In Zusammenarbeit mit dem Wissenschaftszentrum Berlin für Sozialforschung und dem Zentrum für Umfragen, Methoden und Analysen, Mannheim. Bonn 1992.

Steiner, André: Überlegungen zur Monetarisierung des Konsums in Deutschland im 19. Jahrhundert am Beispiel der Kleidung. Vierteljahrschrift für Sozial- und Wirtschaftsgeschichte 86 (1999), S. 477–503.

Stengel, Oliver: Suffizienz. Die Konsumgesellschaft in der ökologischen Krise (Wuppertaler Schriften zur Forschung für eine nachhaltige Entwicklung 1). München 2011.

Stokar, Thomas v. u.a.: Sharing Economy – teilen statt besitzen. Zürich 2018.

Stokes, Raymond G. u.a.: The Business of Waste: Great Britain and Germany, 1945 to the Present. Cambridge u.a. 2013.

Stone, Brad: Die Sharing Economy. Teile und herrsche. Wie Uber und AirBnB ganze Industrien umkrempeln. Kulmbach 2017 (zuerst englisch 2017).

Strasser, Susan: »The Convenience Is Out of This World«: The Garbage Disposer and American Consumer Culture. In: Strasser, Susan u.a. (Hrsg.): Getting and Spending. European and American Consumer Societies in the Twentieth Century (Publications of the German Historical Institute, Washington, D,C.). Cambridge 1998, S. 263–79.

Strasser, Susan: Waste and Want: A Social History of Trash. New York 1999.

Sudrow, Anne: Reparieren im Wandel der Konsumregime. Bekleidung und Schuhe in Deutschland und Großbritannien während des Zweiten Weltkriegs. Technikgeschichte 79 (2012), S. 227–53.

Teuteberg, Hans J.: Die Rationalisierung der Warenverpackung durch das Eindringen der Kunststoffe. In: Feldenkirchen, Wilfried u. a. (Hrsg.): Wirtschaft, Gesellschaft, Unternehmen. Festschrift für Hans Pohl zum 60. Geburtstag (Vierteljahrschrift für Sozial- und Wirtschaftsgeschichte 120). 2 Bde., Stuttgart 1995, Bd. 2, S. 721–56.

Teuteberg, Hans J.: Vom alten Wochenmarkt zum Online-Shopping. Der Wareneinkauf in den letzten 200 Jahren. In: Lummel, Peter u. Deak, Alexandra (Hrsg.): Einkaufen! Eine Geschichte der täglichen Bedarfs. Berlin 2005, S. 19–46.

Thoms Ulrike: Körper, Kultur, Konsum: Die Konsumgeschichte der alltäglichen Hygiene. In: Haupt, Heinz-Gerhard u. Torp, Claudius (Hrsg.): Die Konsumgesellschaft in Deutschland 1890–1990. Ein Handbuch. Frankfurt, New York 2009, S. 97–113.

Tietjen, Friedrich: Die zweite Chance. Beobachtungen zum Recycling in Deutschland. In: Wagner, Anselm (Hrsg.): Abfallmoderne. Zu den Schmutzrändern der Kultur (grazer edition 4). Wien, Berlin ²2012, S. 113–22.

Tietz, Bruno: Konsument und Einzelhandel. Strukturwandlungen in der Bundesrepublik Deutschland von 1950 bis 1975. Frankfurt am Main 1966.

Toffler, Alvin: Der Zukunftsschock. Strategien für die Welt von morgen. Bern u. a. 1983 (zuerst englisch 1970, deutsch 1972).

Tröger, Nina u. a.: Smartphones werden häufiger ersetzt als T-Shirts. Die Nutzungsmuster und Ersatzgründe von Konsumentinnen bei Gebrauchsgütern. In: Bala, Christian u. Schuldzinski, Wolfgang (Hrsg.): Pack ein, schmeiß' weg? Wegwerfkultur und Wertschätzung von Konsumgütern (Beiträge zur Verbraucherforschung 6). Düsseldorf 2017, S. 81–104.

Tyroler, Willy: »Ex und hopp«. Die Einwegflasche belastet die Umwelt nicht mehr. Die Industrie verwertete immer mehr Altglas. Forum Städte-Hygiene 28 (1977), S. 282f.

Umbach, Wilfried (Hrsg.): Kosmetik. Entwicklung, Herstellung und Anwendung kosmetischer Mittel. Stuttgart, New York 1988.

Umweltbundesamt (Hrsg.): Händetrocknungssysteme. Vergleichende ökologische Betrachtung unterschiedlicher Systeme zum Abtrocknen der Hände (Umweltbundesamt. Texte 26/93). Berlin 1993.

Umweltbundesamt (Hrsg.): Stellenwert der Abfallverbrennung in Deutschland. Dessau-Roßlau 2008.

VDI Richtlinie 2882 »Obsoleszenzmanagement aus Sicht von Nutzern und Betreibern«. Düsseldorf 2018.

Vereinigte Papierwerke Schickedanz & Co. Nürnberg (Hrsg.): 50 Jahre Tempo. Dokumentation eines immer jungen Markenartikels. Nürnberg (1979).

Verlagsgruppe Bauer, Marktforschung: Der Markt für elektrischen und mechanischen Rasierbedarf in der BRD. Hamburg 1974.

Versandhandel in Deutschland. Eine Informationsschrift. Hrsg. v. Bundesverband des Deutschen Versandhandels e. V. (BHV). Frankfurt/Main ³1993.

Vogelpohl, Thomas u. Simons, Arno: Kontroversen ums Teilen. Ein Überblick über das online gestützte Peer-to-Peer Sharing als gesellschaftliche Innovation und eingehende allgemeine und spezielle Kontroversen (PeerSharing Arbeitsbericht 2). Berlin 2015.

Voges, Jonathan: »Selbst ist der Mann«. Do-it-yourself und Heimwerken in der Bundesrepublik Deutschland. Göttingen 2017.

Vogt, Markus: Lebensmittelabfälle als ethisch-kulturelle Herausforderung. In: Kersten, Jens (Hrsg.): Inwastement – Abfall in Umwelt und Gesellschaft (Kulturen der Gesellschaft 16). Bielefeld 2016, S. 55–82.

Vom Papier. Kultur, Technik, Statistik. Hrsg. v. der Feldmühle Papier- und Zellstoffwerke Aktiengesellschaft, Düsseldorf, anlässlich des 75jährigen Bestehens am 27. August 1960. Düsseldorf ²1961.

VP-Schickedanz AG (Hrsg.): Tempo 60 Jahre. Die Geschichte einer bahnbrechenden Idee. Nürnberg 1989.

Vykonkal, Elisabeth: Was macht unsere Seele mit dem Abfall? Anmerkungen zum Messie-Syndrom. In: Wagner, Anselm (Hrsg.): Abfallmoderne. Zu den Schmutzrändern der Kultur (grazer edition 4). Wien, Berlin ²2012, S. 123–31.

Wagner, Simone: Lokale Tauschnetze. Untersuchungen zu einem alternativen Wirtschaftssystem. Wiesbaden 2009.

Waitz, Colette u. Meyer-Soylu, Sarah: Das ReparaturCafé als Transformationselement im urbanen Raum. Technikfolgenabschätzung. Theorie und Praxis 25 (2016), Heft 2, S. 22–28.

Wahnbaeck, Carolin u. a.: Usage 2 Attitude Mode / Fast Fashion. Ergebnisbericht. Hamburg 2015.

Wahlen, Stefan: Foodsharing. Unscharfe Grenzen einer Lebensstilbewegung. In: Bala, Christian u. Schuldzinski, Wolfgang (Hrsg.): Pack ein, schmeiß' weg? Wegwerfkultur und Wertschätzung von Konsumgütern (Beiträge zur Verbraucherforschung 6). Düsseldorf 2017, S. 17–36.

Was sie schon immer über Umweltschutz wissen wollten. Hrsg. v. Bundesministerium des Innern. Stuttgart u. a. 1980.

Waschek, Renate: Dieses kleine Stück Watte … Werbung und Tabu am Beispiel der Werbung für Binden & Tampons (Edition unter der Gürtellinie). Der grüne Zweig 194). Löhrbach 1997.

Weber, Heike, Abfall. In: Samieda, Stefanie u. a. (Hrsg.): Handbuch Materielle Kultur. Bedeutungen – Konzepte – Disziplinen. Stuttgart 2014, S. 157–61.

Weber, Heike: »Entschaffen«: Reste und das Ausrangieren, Zerlegen und Beseitigen des Gemachten. Technikgeschichte 81 (2014), S. 3–32.

Weber, Heike: Made to Break? Lebensdauer, Reparierbarkeit und Obsoleszenz in der Geschichte des Massenkonsums von Technik. In: Krebs, Stefan u. a. (Hrsg.): Kulturen des Reparierens. Dinge – Wissen – Praktiken (Edition Kulturwissenschaft 133). Bielefeld 2018, S. 49–82.

Weber, Heike: Müllströme, Müllrecycling und das »Rohproduktengewerbe« als Wiederverwerter am Anfang des 20. Jahrhunderts. Ferrum 85 (2013), S. 5–14.

Weber, Heike: Ökonomie, Ökologie oder Ideologie? Motivationen für das Recycling von Altpapier im 20. Jahrhundert. In: Schulz, Günther u. Reith, Reinhold (Hrsg.): Wirtschaft und Umwelt von Spätmittelalter bis zur Gegenwart. Auf dem Weg zur Nachhaltigkeit? Erträge der 25. Arbeitstagung der Gesellschaft für Sozial- und Wirtschaftsgeschichte vom 3. bis 6. April 2013 in Salzburg (Vierteljahrschrift für Sozial- und Wirtschaftsgeschichte. Beihefte 233). Stuttgart 2015, S. 153–79.

Weber, Heike: Towards ›Total‹ Recycling: Women, Waste and Food Waste Recovery in Germany, 1914–1939. Contemporary European History 22 (2013), S. 371–97.

Weber, Heike: Das Versprechen mobiler Freiheit. Zur Kultur- und Technikgeschichte von Kofferradio, Walkman und Handy. Bielefeld 2008.

Weber, Heike: Vom Hausrat zum Sperrmüll – Sperrmüll als Phänomen der »Wegwerfgesellschaft«. In: Pesch, Dorothee u. Spiegel, Beate (Hrsg:): Sparen, Verschwenden, Wiederverwenden. Vom Wert der Dinge (Schriftenreihe der Museen des Bezirks Schwaben 56). Oberschönenfeld 2017, S. 28–35.

Weber, Heike: Von wild zu geordnet? Konzeptionen, Wissensbestände und Techniken des Deponierens im 20. Jahrhundert. Technikgeschichte 81 (2014), S. 119–46.

Weber, Heike: Zeitgeschichten des Technischen: Zum Momentum, Altern(n) und Verschwinden von Technik. In: Heßler, Martina u. Weber, Heike (Hrsg.): Provokationen der Technikgeschichte. Zum Reflexionszwang historischer Forschung. Paderborn 2019, S. 107–50.

Weber, Heike: Zur Materialität von Müll: Abfall aus stoffgeschichtlicher Perspektive. Blätter für Technikgeschichte 77 (2015), S. 75–100.

Weber, Paul: Der Schuhmacher. Ein Beruf im Wandel der Zeit. Aarau, Stuttgart 1988.

Wegwerfware Kleidung. Repräsentative Greenpeace-Umfrage zu Kaufverhalten, Tragedauer und der Entsorgung von Mode. Hamburg 2015.

Wegwerfware Retouren. Greenpeace-Umfrage zum Kauf- und Retouren-Verhalten bei Online-Bestellungen. Hamburg 2018.

Weizsäcker, Ernst Ulrich v. u.a.: Faktor Fünf. Die Formel für nachhaltiges Wachstum. München 2010.

Weller, Ines: Wider »besseres« Wissen? Zum Spannungsverhältnis von Mode und Nachhaltigkeit aus Sicht von Verbraucherinnen. In: Blättel-Mink, Birgit u. Kenning, Peter (Hrsg.): Paradoxien des Verbraucherverhaltens. Dokumentation der Jahreskonferenz 2017 des Netzwerks Verbraucherforschung. Wiesbaden 2019, S. 87–99.

Westermann. Andrea: Plastik und politische Kultur in Westdeutschland (Interferenzen. Studien zur Kulturgeschichte der Technik). Zürich 2007.

Westermann, Andrea: When Consumer Citizens Spoke Up: West Germany's Early Dealings with Plastic Waste. Contemporary European History 22 (2013), S. 477–98.

Wey, Klaus-Georg: Umweltpolitik in Deutschland. Kurze Geschichte des Umweltschutzes in Deutschland seit 1900. Opladen 1982.

Wildt, Michael: Am Beginn der ›Konsumgesellschaft‹. Mangelerfahrung, Lebenshaltung, Wohlstandshoffnung in Westdeutschland in den fünfziger Jahren (Forum Zeitgeschichte 3). Hamburg 1994.

Willeke, Stefan: Die Technokratiebewegung in Nordamerika und Deutschland zwischen den Weltkriegen. Eine vergleichende Analyse (Studien zur Technik-, Wirtschaft- und Sozialgeschichte 7). Frankfurt a. M. 1995.

Woidasky, Jörg: Frühzeitiger Ausfall von Produkten – »Geplante Obsoleszenz« zwischen Faktensuche und Medienspektakel. In: Brönneke, Tobias u. Wechsler, Andrea (Hrsg.): Obsoleszenz interdisziplinär. Vorzeitiger Verschleiß aus Sicht von Wissenschaft und Praxis (Schriftenreihe des Instituts für Europäisches Wirtschafts- und Verbraucherrecht e. V. 37). Baden-Baden 2015, S. 107–19.

Wolff, Cathleen: Die Charakterisierung der Wirtschaftsform Geplante Obsoleszenz in der publizierten wissenschaftlichen Literatur ab 1960. Ein Vergleich zwischen den USA und der Bundesrepublik Deutschland. Bachelorarbeit TU Berlin 2013.

Wortmann, Michael: Strukturwandel und Globalisierung des deutschen Einzelhandels. Berlin 2003.

Zalles-Reiber, Manuel: Produktalterung und Industrie-Design (Schriftenreihe Produktentwicklung & Industrie-Design, Institut für Absatzwirtschaft, Universität München 5). München 1996.

Zilkens, Hubertus: Kulturgeschichte einer Wegwerfgesellschaft. Köln 2007.

Zimring, Carl A.: Cash for Your Trash: Scrap Recycling in America. New Brunswick, N. J., London 2005.

Register

Das Register bezieht sich nur auf den Text, nicht auf die Fußnoten und das Literaturverzeichnis.